전사적
안전경영문화
전략

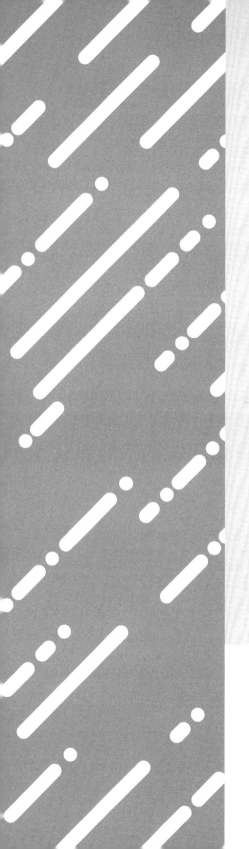

for Risk Zero Workplace!

전사적
안전경영문화
전략

안전경영문화전략 연구회

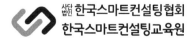
사단
법인 한국스마트컨설팅협회
한국스마트컨설팅교육원

긴 시간을 휘돌았다.

4년여 전, 어느 날부터인가 함께 2주마다 동네 커피숍 귀퉁이에 모여 앉아 연구 조사방법론을 공부하기 시작했다. 배움에 재미가 들 때쯤 방법론 공부가 끝났는데, 어렵사리 만든 공부 모임인데 그냥 공중분해 시키고 싶지 않아 다시 모였다.

이번에는 산업안전 분야로 눈을 돌렸다. 맨 처음 접한 것이 고마츠바라 아키노리가 쓴 『인적오류(Human Error)』였는데, 현업에 있는 멤버들에게는 현장의 안전에 대한 새로운 통찰을, 재난안전에 익숙한 이들에게는 새로운 흥밋거리가 되었다.

연구 보고서와 안전관련 각종 자료를 보면서 느낀 바가 적잖았다. "수없이 많은 법률, 제도, 시스템, 자료들이 넘쳐나는데 왜 현장의 사건과 사고는 줄어들지 않는 것인가?"에 천착했다. 지속적으로 공부하던 중에 하나의 단서를 건졌다. 바로 재해율과 안전문화는 반비례 관계에 있으며, 안전관리를 잘하는 조직일수록 제반 경영지표(매출액, 고객만족, 품질, 근로손실 일수 등)에서 양호한 결과를 보여준다는 것이다.

무릎을 쳤다.

"하하, 문제는 조직의 안전문화였어!"

그때부터 스터디 방향은 '안전문화'에 꽂혔다. 그게 3년 전 일이다. 돌고 돌아 표류 끝에 이제 겨우 '안전문화'라는 항구의 입구에 겨우 도착한 셈이다.

문화(文化)란 도대체 무엇일까? 정의부터 찾았다.

"무엇을 하거나 이루기 위해(文) 변화를 야기하는 것(化)"

서강대학교 철학과 최진석 교수의 정의다. 그렇다면 안전문화란 무엇인가? 본서 필진 나름의 정의는 이렇다.

"안전한 사업장을 이룩하기 위해 변화를 야기하는 것"

그렇다.

변화를 야기한다는 것은 합당한 활동이 수반되어야 하는데, 그동안 안전에 관한 우리 현장은 활동한 듯했으나 활동은 미미했다. 제자리걸음을 반복해 왔다.

안전경영시스템(ISO45001, KOSHA-MS, 안전보건 관리체계 등) 유의 것들을 자의 반 타의 반으로 도입하고 인증이 끝나면 마치 그것으로 안전이 보장되는 것처럼 착각해 온 것은 아닐까? 갱신 시기가 되면, 마지못해 먼지 묻은 문서들을 꺼냈다가 다시 캐비닛 안으로….

본서의 프롤로그를 쓰는 이틀 전에도 경기도 화성의 일차전지 제조공장에서 불이 나 23명의 아까운 생명들이 이승을 떠났다. 재난을 비롯한 각종 사건 사고의 특성에 대해 위기관리 커뮤니케이션 전문가인 W. 티머시 쿰스는 다음의 메시지로 예방·대비의 중요성을 강조한다.

"예측하지 못하나 예상할 수 있는 영역이다."

이 정의에 한마디 거들고 싶다.

지금 이 순간에도 어디에선가는 계속 재난이나 사건과 사고는 일어나고 있는데, 어느 시점에서 "이번에는 네 차례거든!" 하고 괴성을 지르면서 달려드는 악마적 특성을 띠는 게 이놈들이다.

예방과 대비는 원래 길고 지루한 여정이라 그것을 참고 견디면서 가야하는 데,

그게 쉽지 않은 모양이다. 가능하면 피하고, 미루고 싶은 과제의 1순위다. 그러나 그 대가는 혹독하다. 때로 우리가 가진 모든 것을 순간에 날려버릴 수 있음을 명심하라. 안전문화는 예방·대비의 핵심 축이다.

이 책은 총 4장으로 구성되었다.

1장은 왜 안전경영문화가 필요한지에 대한 당위적인 내용을 담았고, 2장에서는 안전경영문화에 대한 정의를 나름대로 정리하였다. 3장에서는 안전경영문화를 정착하는 데 필요한 전략적 접근 프로세스를 제시하였으며, 4장에서는 안전보건관리체계에 대한 생각들을 정리하였다. 그리고 5장은 안전관리를 심리·행동적 관점에서 다룸으로써 인간중심의 접근을 시도하고자 하였고, 6장에서는 현장안전의 최전선인 관리감독자 리더십을, 7장은 현재의 안전교육의 문제점과 보다 효과적인 안전성과를 위한 교육방법을 제시하였다. 8장에서는 데이터 중심의 안전관리를 위해 안전경영문화 측정에 관한 내용들을 담았다.

3년여 시간을 헤매면서 왔지만 2주마다 만날 수 있는 배움의 동지들이 있었기에 설렜고, 조그만 결실을 거두었다는 것에 스스로 위안하며 앞으로도 우리 모두는 묵묵히 이 길을 걸어갈 것이다.

대한민국 모든 사업장이 "Risk Zero Workplace"가 되는 그날까지….

2024년 11월

안전경영문화전략 연구회

Content

제1장

왜 안전경영
문화여야 하는가?

01

너무도 친숙해진 위험의 시대

"for Risk Zero Workplace!"

친숙해도 너무나 친숙해진 위험 시대다. 오늘날만큼 우리가 위험에 노출되었던 시대가 있었을까 싶다. 대표적인 인터넷 포털인 구글이나 네이버 주소창에 '오늘의 사건 사고'라는 문구를 입력해 보라. 무수한 죽음과 부상에 대한 기록물로 장식된 페이지들을 확인할 수 있을 것이다.

안전보건공단 웹사이트(www.kosha.or.kr)로 마우스를 옮겨 보자. 특별히 산업재해 현장에서 일어난 사건과 사고에 의해 빚어진 개별의 죽음들이 묶음으로 다루어진, 마치 부고장 같은 메시지들을 만나게 된다. 그 가운데서도 유독 눈에 띄는 현장은 단연 건설 현장임을 단번에 알 수 있다.[1]

이 글을 쓰고 있는 시점이 2024년 2월 중순쯤인데, 벌써 해당 웹사이트(www.kosha.or.kr)는 차마 이승을 뜨지 못하는, 이름이 밝혀지지 않은 영령들이 합동장례식을 치르듯 누워 있다. 그 분량이 무려 다섯 페이지를 넘기고 있다. 2월의 절반

---

1) 2022년 전체 업종 조사 결과 사고 사망자 중 건설업 비중이 53%인 것으로 나타났다.

못 미치는 시점인데, 29일까지 얼마의 주검들이 이 페이지에 등재될지 가늠할 수 없다. 부상자들을 합치면 그 숫자는 도대체 얼마가 될까? 그들 모두는 누구의 아버지이자 아들이고, 배우자며, 형제요 자매이며, 사촌이고 이웃이며, 동료다. 그래서 성인 한 사람에게 다가온 산업현장의 사망사고는 그 파장이 큰 실로 것이다.

위험의 범위를 좀 더 넓혀 보자. 독일의 사회학자 울리히 벡(Ulrich Beck), 그는 위험사회 이론으로 유명한 인물이다. 그는 자신의 저서 『Risk Society : Towards a New Modernity(1986)』에서 현대 사회에서의 위험과 불확실성에 대한 경고의 메시지로 이미 오래 전부터 우리를 각성시킨다.

벡(Beck)은 경제적, 환경적, 기술적인 발전으로 인해 발생하는 새로운 위험들이 전통적인 자연재해와는 다르게 불확실하고 예측하기 어려우며, 모든 사회 구성원에게 지속적이며 광범위하게 영향을 미치는 특성을 가지고 있다는 데에 사태의 심각성이 존재한다고 갈파하고 있다.

먼저 인간이 저지르고 있는 환경 파괴의 문제에 대해 생각해 보라. 산업화와 기술 발전은 자원 소비와 환경 오염을 끊임없이 증가시킨다. 이로 인해 대기, 물, 토양 오염, 기후 변화와 같은 환경적 위험이 우리의 일상을 매일 매 순간 위협하고 있다.

기술적 위험은 어떤가?

현대 기술의 발전은 일상의 편리성에 대한 욕구를 충족해 주고 있지만, 우리를 새로운 위험 속으로 밀어 넣는다. 인공 지능의 확산은 단순 근로자로부터 일자리를 빼앗아 가며, 악의적인 공격자들은 AI를 이용하여 더 정교하고 효과적인 사이버 공격을 감행할 수 있는 길을 열어준다. 첨단은 편리의 가치를 주는 대신 또 다른 위험을 우리에게 전가시키고 있다. 전기차 화재 사고가 끊임없이 일어나고 있다.

생명 공학 기술의 발전은 생물무기와 생물테러에 이용될 수 있는 위험을 내포하고 있다. 생물무기는 인류에게 치명적인 질병을 전파하거나 작물을 파괴하는 데 사용될 수 있는 개연성을 높인다.

사이버 공격과 같은 기술적 위험은 개인 정보 보안, 사회 구조 변화 등을 초래할 수 있으며, 그러한 가능성은 날이 갈수록 높아지고 있다.

경제적 발전으로 사회 전체적인 부의 증대는 이룩하고 있지만, 빈부 격차로 인한 사회적 분열과 불평등을 증가시키는 경향을 내포하고 있다. 이렇듯 우리는 긍정의 이면에 도사리고 있는 위험에 대비해야 하는 시대적 당위성 앞에 서 있다. 백척간두(百尺竿頭)에 처해 있다고 해도 과언이 아니다.

이 책에서 다루고자 하는 위험은 좀 다른 차원, 즉 개별 사업장에서 발생가능한 위험의 문제들이다. 울리히 벡이 제시하는 위험을 포괄하기는 하지만 주로 사업장이라는 공간 안에서 생기는 사건과 사고에 관한 부분으로 한정할 것이다. 2024년 1월 27일 이전까지, 50인 이상의 기업들에게만 적용되어 왔던 중대재해처벌법(정확히는 중대재해 처벌에 관한 법률)[2]이 5인 이상의 사업장에까지 적용기준이 확대되었다. 이것은 대한민국 영토 안에서 사업 활동을 하는 모든 법 인격체들은 이제 안전의 문제를 해결하지 않고는 존립하기 불가능해진다는 것을 뜻한다. 소위 사업활동의 패러다임을 전면적으로 재설계하지 않으면 설 자리를 잃게 된다는 엄중한 시대적 메시지다. 뛰어넘어야 할 허들이 하나 더 생겼다는 것이다. 이제 이

---

[2] 부칙⟨제17907호, 2021. 1. 26.⟩
제1조(시행일) ①이 법은 공포 후 1년이 경과한 날부터 시행한다. 다만, 이 법 시행 당시 개인사업자 또는 상시근로자가 50명 미만인 사업 또는 사업장(건설업의 경우에는 공사금액 50억 원 미만의 공사)에 대해서는 공포 후 3년이 경과한 날부터 시행한다.

땅에서 안전의 과제는 단순히 개별적 관리 대상이 아니라 경영의 문제로 확대되었으며, 안전경영문화 전략의 차원으로 업그레이드해야 할 이념이요 가치의 문제로 대두하기 시작했다. 그러므로 선택지는 딱 두 가지, 사업을 접든지 아니면 뛰어넘든지!

울리히 벡이 얘기하는 위험들, 즉 산업과 기술이 고도화되는 과정에서 발생하는 위험들은 그것대로 관리해야 하겠지만 중소업체의 현실에서 보면 당장 작업현장에서 발생하는 '떨어짐, 끼임, 부딪힘, 물체에 맞음, 깔림·뒤집힘, 질병' 등으로부터 인력을 보호하는 것이 더 긴박하고 중대한 문제이다. 여기에는 조직 차원의 문제이기도 하지만 개인들이 감당해야 할 몫이 분명히 존재하는 영역이다.

〈표 1〉은 2022년 재해조사 대상 사망사고 644명(611건) 발생 상황을 분석한 내용이다. 전체 사망자(644명) 중 50인(억) 미만 사업장에서 발생한 건수(311건)와 사망자 수(388명)가 압도적으로 많음을 알 수 있다. 그중에서도 전체 업종에서 건설업 사망자 비중이 53%를 차지하고 있다. 심각하게 다루어야 할 과제이다.

〈표 1〉 업종·규모별 사망사고 발생 현황 (단위: 건 명)

구분	전 업종			건설업			제조업			기타 업종		
	계	50인(억) 미만	50인(억) 미만	계	50억 미만	50억 이상	계	50인 미만	50인 이상	계	50인 미만	50인 이상
사망자 수(명)	644	388	256	341	226	115	171	82	89	132	80	52
사망사고 건수(건)	611	381	230	328	224	104	163	82	81	120	75	45

출처 : 중대재해 사고백서, 고용노동부, 2023

그동안 정부의 지속적인 정책 시행과 업계의 지속적인 노력으로 사고사망 만인율[3]이 2021년 0.43, 2022년 0.43에서 2023년 0.42(목표치), 2024년 (0.41) 등으로 낮아지고 있긴 하지만, OECD 평균(2022년 0.40, 2023년 0.37)에는 못 미치고 있는 실정이다.

　　생명의 문제는 순전히 개별성의 문제이다. 1,000명이 사망한 것이든, 10명이 사망한 것이든 나라 전체 슬픔의 총량이 다를 뿐 사망자를 둘러싼 관련자들의 개별적 고통의 크기는 모두 동일하다. 관리하는 기관이나 관계자들의 업무적 차원에서는 사고 건수나 사망자 수가 성과관리 대상이 될지 모르지만 결코 고통의 당사자는 죽고 사는 문제일 뿐 성과관리 대상이 될 수는 없다. 따라서 가장 이상적으로는 사고 제로(0), 사망자 제로(0)가 되는 안전민국(安佺民國)으로 가는 것이라야 맞다. 지난한 일이지만 도달해야 할 이상향이리라. 등반가들에게는 저기 산이 있어 오르듯, 안전의 문제를 연구하는 이들에게는 재해가 있기에 안전민국으로 가는 길을 열기 위해 땀을 흘릴 뿐이다.

---

3)　사망사고 만인율이란 임금근로자 수 10,000명당 발생하는 사망자 수의 비율임

02

프로크루스테스의 침대

"for Risk Zero Workplace!"

프로크루스테스(Procrustes)는 그리스 신화에 등장하는 전설적인 악당이다. 그는 아테네 교외에 집을 지어 두 개의 침대를 마련한다. 하나는 큰 것, 그리고 다른 하나는 작은 것.

지나가는 행인들을 자신의 집으로 초대한다. 그리고는 큰 사람은 작은 침대로, 작은 사람은 큰 침대에 눕힌다. 작은 침대에 눕힌 큰 사람은 당연히 침대 밖까지 다리가 뻗어 나간다. 그는 뻗어 나간 다리를 가차 없이 톱으로 잘라 죽인다. 반대로 작은 사람은 큰 침대에 눕혀 놓고는 침대 길이에 맞게 신체를 늘려서 죽인다. 이게 바로 그 유명한 프로크루스테스의 침대(Procrustean Bed)에 관한 전설이다.

오늘날 이 내용은 '자신의 기준대로 타인을 재단하면서 억지로 남들을 자신에게 맞추려는 사람이나 태도'를 빗대는 말로 사용되고 있다.

프로크루스테스의 침대(Procrustean Bed)에 관한 스토리를 대하면서, 현재 우리의 ISO 인증 관련 업무를 마치 그렇게 다루고 있지 않은지 노파심에 마음을 뒤

채는 경우가 많아졌다. 넘쳐도, 모자라도 '부적합'하다는 심사 결과에 때로 좌절한다. 현장의 작업 과정에서 습득한 더 나은 방식을 허용하지 않겠다는 표시다.

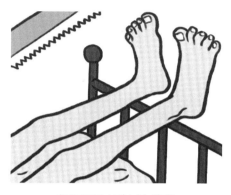

〈프로크루스테스의 침대〉

자료 출처: 세계일보, 2021. 06. 16

그러다 보니 인증을 취득한 후에 한 번 캐비닛에 들어간 문서(산출물)는 다음 갱신 심사 때까지 밖으로 나올 줄을 모른다. 다음의 유행가 가사를 기억하는가?

"너는 너대로 나는 나대로 갈 길이 따로 있구나!"[4]

표준은 표준일 뿐이고, 업무는 우리 방식대로 하겠다는 굳은 의지의 표현이다. 이게 오늘날 산업현장의 모습이 아닐까 싶다. 1987년 국제표준화기구(ISO)에서 ISO9001(품질경영시스템)이 나온 이후 수많은 경영시스템이 탄생했다.[5] 인증을 취득하기 위한 사전 절차로써 컨설팅을 진행하고, 심사용으로 사용할 산출물을 만

---

4) 1974년 가수 박일남이 부른 '마음은 서러워도'의 가사 한 대목이다.
5) 2022년 1월 현재까지 ISO는 약 23,000개 이상의 국제 표준을 발표했다.

들어내는 과정에서 쏟아부은 비용과 시간은 도대체 무엇이란 말인가? 혹시 경영시스템을 구축하는 그것으로 그 분야에 관한 업무를 졸업한 것으로 착각하는 것은 아닐까?

졸업(학위수여식)을 영어로 commencement라고 표기하는 데에는 이유가 있다. 거기에는 '출발'이라는 뜻이 함께 들어있다. 무슨 말인가 하면, 단지 인위적으로 만들어진 하나의 과정이 끝났을 뿐이지 이제부터 다시 시작해야 한다는 의미이다.

수많은 경영시스템을 도입하고도 그것이 하나의 문화로 정착하지 못하는 것은 그 시스템을 일상의 활동으로 연결하지 못하기 때문이다.

안전문화(Safety Culture)는 어떤가? ISO 45001, KOSHA-MS, 안전보건 관리체계, 위험성평가 체계를 구축한 것으로 현장 안전의 문제가 저절로 해결되고, 재해율이 실제로 감소하고 있는가? 만약 그렇지 않다면 아직도 귀사는 여느 조직과 다름이 없는, "재해여 제발 우리 현장에 머물지 마라" 라며 요행을 바라는 상태에 머물러 있다고 할 수 있겠다. 안전보건 경영시스템을 조직 문화로 정착시키고자 하는 합당한 활동이 부족한 수준에 머물러 있다는 반증이다.

혹시 안전의 문제를 프로크루스테스의 침대(Procrustean Bed)처럼 '자신의 기준대로 재단하면서 억지로 그것들을 자신의 처지에 맞추려는 태도'에서 벗어나지 못하는 상황은 아닐까?

시대가 바뀌었다. 세상은 이미 ESG[6] 수준으로 기업을 평가하는 패러다임 전환

---

6) 비재무적인 요소인 Environment(환경)·Social(사회)·Governance(지배구조)의 약자로써, 투자의 기준을 단순히 재무적인 요소만을 고려하여 투자하기보다는 환경을 생각하고 사회적 문제해결에 참여할 뿐만 아니라, 투명경영에 힘쓰는 기업에 투자하겠다는 것이 국제적인 트렌드이다.

의 시기에 들어섰다. 그러므로 이제 안전이나 보건 및 인권의 문제는 국내적인 문제를 훨씬 초월하는 이슈로 숨 가쁘게 바뀌고 있다. 아래의 그림은 기술적·시스템 중심의 안전관리가 이제 저물고 문화중심의 안전관리 시대가 도래하고 있다는 것을 명백하게 보여주는 증거이다. 그렇다고 해서 기술적·시스템적 중심의 안전관리가 덜 중요하다는 뜻은 결단코 아니다. 문화중심 안전관리는 앞의 두 영역을 포괄하고 있음을 이해해야 한다.

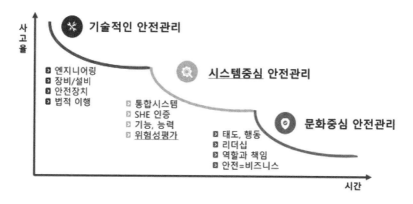

〈Hudson의 안전관리 모델〉

출처: Hudson.P.(2007). http://doi.org/10.1016/j.scci.2007.04.005

우리나라의 경우 2021년 1월 26일 공포 후, 1년 유예기간을 거쳐 2022년 1월 27일부터 종업원 50인 이상의 사업장에 대해서만 적용되었던 중대재해처벌법(중대재해 처벌 등에 관한 법률)이 3년간의 유예기간[7]을 거쳐 2024년 1월 27일 이후부

---

7) 〈부칙 제 17907호. 2021.1.26.〉
제1조(시행일) ① 이 법은 공포 후 1년이 경과한 날로부터 시행한다. 다만, 이 법 시행 당시 개인사업자 또는 상시 근로자가 50명 미만인 사업 또는 사업장(건설업의 경우에는 공사금액 50억원 미만의 공사)에 대해서는 공포 후 3년이 경과한 날로부터 시행한다.

터는 5인 이상의 사업장에까지 확대 적용하는 상황에 이르렀다.[8]

절이 싫으면 중이 떠나야 한다. 근로자들의 안전과 보건을 담보할 마음이 없으면 사업을 접으라는 얘기가 아닌가? 돌려 말하면, 더 이상 근로자의 희생을 바탕으로 하는 사업활동은 앞으로 허용하지 않겠다는 정부의 의지 표현이다.

중대재해처벌법이 지나치게 경영자(사업주) 처벌 쪽에 무게 중심이 쏠려 있다는 비판이 있긴 하지만, 악법도 법이라는 데에는 이의가 있을 수 없다.

그렇지만 이게 답인가? 중대재해처벌법이 전면적인 시행 이후 현장은 정말 안녕한가? 산업안전보건 전문가인 서울과기대 정진우 교수는 "법 시행 후에 오히려 현장 안전이 더 위협받고 있다"고 평가하고 있다. 왜 그런가 봤더니, 사고 예방보다는 사고가 발생했을 때 처벌을 피할 수 있는 서류작업에 열중하고 있다는 것이다.

아뿔싸! 이 숨바꼭질 같은 상황의 끝은 도대체 어디일까?

---

8) 50인 미만 사업장에 대해 유예기간 2년 연장 요구가 국회 문턱을 넘지 못하였다.

03

경영의 핵심 가치로써의 '안전'

"for Risk Zero Workplace!"

미래의 불확실한 상황에 대비하는 데 비용을 지불한다는 차원에서 보면, 안전 활동은 마치 생명보험 상품을 구매하는 것과 같다. 비용을 지불하는 당사자에게는 결코 유쾌한 일이 아니다. 사고가 나지 않으면 그동안 지불한 돈은 매몰 비용(sunk cost)[9]으로 처리되기 때문에 더욱 망설여지는 것이다.

그런 사고 패턴에 위기관리 전문가 W. 티머시 쿰스는 다음과 같은 메시지로 우리의 저급한 생각에 가차 없이 메스를 댄다.

"위기는 어떤 예측할 수 없는 사건이 건강, 안전, 환경, 경제 이슈와 관련된 이해관계자들의 중요한 기대를 위협하며, 조직의 성과에 심각한 영향을 미쳐 부정적인 결과를 초래할 수 있다고 지각하는 것이다.

(⋯)

---

9) 매몰 비용(sunk cost)이란, 이미 투자를 하거나 지출을 해서 다시 회수하는 것이 어려운 비용을 말한다.

위기는 예측할 수는 없지만(unpredictable) 예상할 수 없는(unexpected) 것은 아니다. 현명한 조직은 그들에게 언제 위기가 닥칠 것인지는 모르지만 언젠가는 위기가 닥칠 거라는 것을 안다."[10]

사건·사고로 인한 재해는 언제, 어디서, 어떻게 발생해서 얼마나 안전 보건에 심각하게 영향을 미칠지 알 수 없는 영역이다. 그러나 분명한 것은 언젠가는 우리에게 일어날 수 있을지도 모른다는 예상의 영역이라는 거다. "설마 우리에게 그런 일이 생기겠어?"라는 도박심리로는 결코 해결할 수 있는 문제가 아닌, 엄혹한 현실의 심각성 앞에 직면해 있다. 세계의 요구가 그렇고, 그에 따라 대한민국의 판이 그렇게 돌아가고 있다. 안전은 당위의 문제요, 더 나아가 경영의 핵심 가치(core value)의 문제로 접근해야 마땅하다.

조직의 현실은 좀 다르다. 이른바 경쟁가치이론(competing value theory)이라는 게 있다. 기업의 목적은 '생존'이다. 가능하면 영원히 사라지지 않아야 한다. 몇 년 후에 망할 것을 전제로 경영을 하는 경영자는 없을 것이기에, 회계의 원칙에서도 계속 기업(going concern)을 전제로 한다.

조직이 생존하기 위해서는 비용절감, 이윤창출, 매출증대, 생산성, 효율성, 품질, 납기준수, 고객만족 등 여러 가지 가치들이 어우러져 작동해야 한다. 어느 것 하나 소홀히 다룰 수 없는 것들이다. 그런데 매출증대와 이윤창출이 충돌하는 경우도 있고, 고객만족과 비용절감이 충돌하는 등 가치충돌이 수 없이 발생하는 것이 현실이다. 충돌한다는 것은 상호 경쟁 관계에 있다는 의미이다. 이런 현상이 바로 경쟁가치 이론의 핵심이다.

---

10) W. 티머시 쿰스(배현석 옮김), 디지털 시대의 위기 커뮤니케이션, 한울, 2016.

경영자는 수시로, 경영 가치들이 서로 경쟁관계에 놓일 때마다 비상한 마음으로 의사결정을 해야 하는 사람이다. 어느 날은 고객만족이 먼저가 되고, 다음 날은 원가절감이 먼저가 되기도 한다. 가장 첨예한 것은 안전과 다른 경영목표들이 충돌할 때다.

조직의 책임자 왈, "안전이 중요한 가치인 걸 누가 모릅니까? 안전보다 더 급한 것들이 매 순간 목을 죄어 오는데 어떡하란 말입니까?"라고 항변하는 것이 당연한 일일 수 없는 시기가 도래하였다. 방정식에는 상수(常數)[11]라는 게 있다. 다른 변수가 바뀌어도 결단코 바뀌지 않는 고정불변의 수를 상수라고 한다. 이제 경영에서 '안전(safety)'은 상수가 되었다. 컴퓨터 분야에서 얘기하는 디폴트값(default value), 즉 기본설정값이다. 변할 수 없는 값이다. 타협의 대상이 되어서는 안 된다는 뜻이다.

무슨 얘기냐고 하면, '안전'을 전사적 경영의 관점에서 해석하고, 다루어야 할 하나의 '문화'로 자리 잡지 않으면 생존이 위협받게 되는 상황이 되었다는 거다.

"안전만 챙기다 보면 조직의 성과관리는 어떻게 합니까?"

당연한 항변일 수 있다. 맞는 것 같지만 틀린 말이다. 장기적으로 보면 '안전문화 수준이 높은 조직일수록 재해율이 감소하고, 근로손실 일수가 적다'는 연구 보고서들이 나오고 있으니 말이다.[12] 안전을 소중한 가치로 지각하는 조직일수록 경

---

11) 일차방정식 $y=ax+b$에서 x는 변수이고, a와 b에 해당하는 값으로써 변하지 않는 값이다.
12) 박진홍 외, 기업의 안전문화 수준변화와 재해율과의 상관관계: P사 사례연구, J. Korea Saf. Manag. Sci. Vol. 24, 2022.
조창열, 기업의 안전경영활동이 경영성과에 미치는 영향에 관한 연구(K기업을 중심으로), 조선대학교, 석사학위논문, 2007.

영성과도 높다. 조직에서 안전은 아마도 다른 경영 목표들(비용절감, 이윤창출, 매출증대, 생산성, 효율성, 품질, 납기준수, 고객만족 등)과 서로 부딪히는 경우가 가장 많을 것이다. 도래하지 않은 위험에 대해 피 같은 돈을 쓴다는 것, 사실 쉽지 않은 일이다.

"사고 나면 그때 가서 대응하고 처리하면 되지 뭐!"

특히, 중소 조직을 맡고 있는 최고책임자로부터 심심치 않게 듣는 항변이다.

이제는 아니다. '안전'을 조직의 핵심가치(core value)로 선정하고, 다루어야 할 절체절명의 과제로 인식해야 할 것이다. 껄끄럽고, 순탄치 않은 길이지만 어쨌든 가야 할 여정이다.

살다 보면 살아지듯, 가다 보면 원하는 지점에 당도하게 될 것임을 믿는다. 그동안 숱한 어려움을 돌파해 왔는데, 이번에 만나는 장애라고 못 넘길 이유란 없다.

04

노아, 방주를 짓다

"for Risk Zero Workplace!"

노아[13]가 방주를 짓기 시작했다.

언제 하늘이 열리고 샘이 터져 세상 천지가 물에 잠길지도 모르는 막연한 상태에서 그저 방주를 짓는 데 수많은 세월을 보냈다. 아내와 세 아들 부부, 총 여덟 명의 식솔들을 이끌고 긴 세월을 거기에 몰입했다. 왜 그랬을까?

죽고 사는 문제였기 때문이다. 그 장면을 성경을 통해 좀 더 구체적으로 언급해 보겠다.

> "너는 잣나무로 너를 위하여 방주를 짓되 그 안에 간들을 막고 역청으로
> 그 안팎에 칠하라(창세기 6:14)
> (…)

---

13) 창세기 홍수 이전의 사악한 시대를 살았던 한 의로운 사람이다. 하나님은 노아가 480세 때 인간을 땅에서 멸망시키겠다고 알려 주셨고, 노아는 그후 120년간 방주를 지었다. 홍수 때에는 하나님이 말씀하셨던 것처럼 노아와 아내, 그의 세 아들과 며느리들 외에는 모든 사람이 멸망당했다.

내가 홍수를 땅에 일으켜 무릇 생명의 기식있는 육체를 천하에서 멸절

하리니 땅에 있는 자가 다 죽으리라(6:17)

(…)

칠 일 후에 홍수가 땅에 덮이니 노아 육백세 되던 해 이월 곧 그 달 십칠

일이라 그날에 큰 깊음의 샘들이 터지며 하늘의 창들이 열려 사십 주야

를 비가 땅에 쏟아졌더라"(7:10~12)

인류 역사의 첫 재난은 노아의 홍수 사건이다.

도대체 노아는 방주를 짓는 데 몇 년 동안 시간과 에너지를 쏟아 부었을까? 어떤 학자들은 120~130년, 또 어떤 이들은 70~80년이라고 하는 부류들도 있다. 120년 이건 70년이건 참고 기다리기엔 너무 긴 기간이다. 그렇게 길고 지루한 세월을 어떻게 견뎠을까 하는 게 참으로 신비할 뿐이다. 물론 크리스천들이야 믿음의 눈으로 보면, 그렇게 할 수 있겠다고 하지만 어디 그게 쉬운 일이겠는가?

노아가 한 일을 오늘날 안전관리 차원에서 연관 지어 생각해 보면 어떨까 싶다. 일반적으로 재난관리는 '예방→대비→대응→복구' 순으로 이루어진다. 재해 상황이 발생하면 대응과 복구는 당연한 조치라고 할 수 있지만, 예방과 대비는 전혀 다른 차원의 문제이다. 무슨 얘기냐 하면, 앞에서 언급한 '언제 터질지 모르는 일에 비용과 에너지를 쏟는 활동'이기 때문이다. 노아라는 인물의 대단함이 돋보이는 이유가 거기에 있다. 알다시피 예방과 대비란 원래 길고 지루한 과정이다. 그뿐인가, 어쩌면 시간이 지나면 연기처럼 사라질지도 모르는 비용(매몰비용, sunk cost)을 지출해야 하는 모험 같은 것이다.

단지 하나, "예측할 수 없으나 예상할 수는 있다" 그 하나를 붙들고 갈 뿐!

비가 안 오면 노아는 방주를 가축의 우리에나 쓰려나!

노아의 일상성이 돋보인다.

마치 당연한 일인 것처럼 꾸역꾸역 똑같은 일을 믿음을 가지고 반복적으로 수행했다는 것, 사실 그것이 바로 (조직)문화의 힘(power of culture)인 거다.

주위에 있는 그의 이웃들은 "노아의 가족들이 미쳤다" 며 손가락질 하며 비웃었다.

"아니, 이 땡볕에 무슨 비가 온다고 방주를 짓지? 나 원 참 노친네가 죽을려니 별짓을 다하고 있네!"

결국 비웃었던 인간들은 모두 물에 쓸려 죽고, 노아의 가족 8명(노아 부부, 아들 셋과 그 배우자들)만 살아남았다. 그들을 중심으로 인류가 번성하기 시작했다는 게 성경의 요지다.

대부분의 재해를 분석해 보면 예방과 대비가 부족한 데서 그 원인이 있음을 확인할 수 있다. 현장의 안전 활동이란, 궁극적으로는 사업을 구원하는 일이요 자신은 물론 우리와 함께 일하는 동료들과 그 가족들을 수호하는 숭고한 일이다.

대기업 하청형 제조 중심의 중소형 조직들은 어김없이 생산 우위의 기업문화로 무장하고 있다. 원가절감, 납기 준수 등을 놓치면 생존이 불가능한 구조적 한계를 지니고 있다. 수십 년을 그렇게 버텨 왔다. 그게 노멀인 것을 어쩌나.

다음은 2023년 고용노동부 발간 중대재해 사고백서[14]에 소개된, B기업에 재직 중이거나 몸담았던 직원들이 공통적으로 말한 내용의 한 대목이다.

"그렇게 멈춤 없이 위험하게 돌아가는 기계와 아슬아슬하게 곡예 하듯이 일할

---

14) 고용노동부, 중대재해 사고백서: 2023 아직 위험은 끝나지 않았다, 2023, P.60.

수밖에 없어요. 멈추면 계획한 물량이 안 나와요. 다들 기계가 멈추지 않은 상태로 덮개 열고 손 넣어서 일해요. 작업 전에는 넣지 말라고 하는데 말뿐이죠."

악마는 기어이 B 업체를 덮쳤고, 한 여인을 희생제물로 삼았다. 그놈(악마)이 떠나면서 던진 한마디.

"또 올게!"

산업안전보건법[15]을 들춰 보기 전에 본질에 천착해야 할 시점이다. 법은 최소한을 다룰 뿐 발생가능한 모든 영역을 다 다룰 수는 없다.

그게 법의 기능과 한계다. 나머지는 건강한 사회질서와 상식의 차원에서 판단하고, 행해야 하는 게 맞는 거다. 속도보다 더 중요한 가치들이 많다. 생명, 인권, 약자의 권리, 자유, 환경, 안전, 공유, 윤리 등과 같은 것들이다. 이런 것들은 목표가 아니라, 본질로 다뤄야 할 대상이라고 세계가 들끓고 있다. 앞에서 언급한 ESG에 대한 요구가 바로 그런 것이다. 예측할 수 없는 위험이니 예방하는 거다.

기계·장비나 시스템은 고장 나게 되어있고, 사람은 실수를 한다.

---

15) 산업안전보건법 시행령 제15조(관리감독자의 업무 등)
① 지휘·감독하는 작업과 관련된 기계·기구 또는 설비의 안전·보건 점검 및 이상 유무의 확인
② 근로자의 작업복·보호구 및 방호장치의 점검과 그 착용·사용에 관한 교육·지도
③ 산업재해에 관한 보고 및 이에 대한 응급조치
④ 해당 작업의 작업장 정리·정돈 및 통로 확보에 대한 확인·감독
⑤ 사업장의 안전관리자 등에 해당하는 사람의 지도·조언에 대한 협조
⑥ 위험성평가 시 유해·위험요인에 대한 파악 및 개선 조치 시행에 대한 참여

05

안전의 과제가 전사적이어야 하는 이유

"for Risk Zero Workplace!"

안전의 문제가 오늘날 왜 전사적이라야만 하는가?

이 질문에 대해 답을 하려면 먼저 『전사적 안전경영 전략』이 무엇인지에 대해 정의를 내리는 것이 순서다. 아래의 정의는 순전히 필진의 의견임을 밝혀둔다.

전사적 안전경영 전략이란, 조직 전체의 안전을 유지·관리하는 데 필요한 제반 자원 즉, 시설 및 장비, 시스템, 규정 및 절차, 교육 및 훈련, 리더십, 인력 등을 최적의 수준으로 확보하고 배분하기 위해 이루어지는 제반 활동이다.

지금까지 우리는 안전의 문제를 매우 지엽적인 문제로 다루어 왔다. 안전은 안전 관련 부서나 안전관리를 담당하는 직원이 전적으로 책임지고, 처리해야 하는 직무 중 하나로 인식해 왔던 것이다. 그러다 보니 문서작업에 매달려 정작 작업장 안전을 위한 실제적 활동에는 손길이 덜 갈 수밖에 없었다. 그것이 안전관리 활동인 줄 알고 지내왔다고 해도 과언이 아니다. 그 결과 안전보건 관리체계나 안전보건 경영시스템(ISO 45001) 등을 구축하는 것으로 안전이 보장되는 것으로 착각하고 있었던 것은 아니었을까?(그것들이 전혀 효과가 없다고 할 수는 없을 것이다.)

그리고 최고경영자 역시 경영의 다른 중요한 요소들 즉, 원가 · 납기 · 생산성 등 당장 목을 죄어 오는 현실 앞에 매달려야만 생존할 수 있음을 경험적으로 알고, 기계적으로 반응해 온 것이다.

재해는 불확실하고 눈에 보이지 않는 미지의 영역이지만, 제반 경영 요소들(원가, 납기, 생산성 등)은 확실하고 눈에 보이고 회계 수치에 직접적으로 영향을 미치는 요인이므로 상대적으로 더 중요하게 보이는 것은 당연하다. 소상공인을 포함한 대부분의 중소기업의 현실이 이러지 않나 싶다.

그럼에도 불구하고 분명한 것은 안전의 영역은 '설마'의 영역이 아니라, '언젠가는'의 과제를 다루는 분야임을 결코 잊어서는 안 된다.

이른바. 스위스 치즈 모형(Swiss Cheese Model)이란 게 있다.

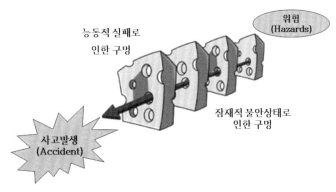

〈스위스 치즈 모형의 개념도〉

Reason(1997)[16]의 연구에 의하면, 사고는 일반적으로 조직의 방호벽에 일련의 결함에서 비롯된다는 것이다. 이는 운영 인력의 오류 및 규정 위반 등의 능동적 실패 요인(active failure), 관리자들이 설계한 잠재적으로 불안정한 업무시스템 등에 그 원인이 있다. Reason(1997)의 연구 결과에 대해 좀 더 구체적으로 얘기를 진행해 보자.

에멘탈 치즈[17]의 구멍은 치즈 생성 과정에서 무작위로 생긴다. 사고 역시 발생할 수 있는 잠재적 결함은 항상 같은 위치에 있는 것이 아니라, 불규칙하다. 그러므로 사고의 원인을 인적오류(human error)뿐만 아니라 조직적인 요인(organizational factor)까지 확대해서 보다 다양하고 폭넓게 고려해야 한다는 것이 스위스 치즈 모델의 요지이다. 즉, 사고는 조직의 부분적인 원인에 의해 발생하는 게 아니라, 전사적인 결함의 문제로 인식하고 대응해야 할 대상이어야 한다.

우리는 늘 사고가 났다 하면, 습관처럼 부르짖고 마무리하는 한마디가 있다.

인재(人災)!

모든 게 사람 때문이란다. 물론 따지고 들어가면 모든 게 사람의 문제이긴 하다. 간단명료하고 편리하긴 하지만 문제를 근본적으로 해결하기 위한 접근방법은 결코 아니다.

스위스 치즈 모형에서 구멍은 결함이요, 치즈는 방호장치를 의미한다. 치즈에 난 구멍은 일관성 있게 규칙적으로 나 있지 않다. 이는 우리네 현장의 안전시스템은

---

16) Reason, J. (1997) Managing the Risk of Organizational Accidents. Aldershot: Ashgate.
17) 스위스의 상징물 중 하나일 정도로 세계적인 명성을 얻은 치즈이다. 그러다 보니 간단하게 그냥 '스위스 치즈'라고 지칭될 때도 많다.

구멍 난 치즈처럼 불완전하다는 것을 상징한다. 여기에서 의미있는 한 가지 단서를 찾을 수 있다. 각 단계(치즈)마다 잘못된 조치(구멍)가 연속되면 사고가 발생하지만 이 중 하나의 안전장치만 제대로 작동해도 사고를 방지할 수 있다는 것이다.

이에 관한 적절한 사례가 있어 소개한다.

의학계의 전언이다.

"의학에서 진단은 증상, 병력과 가족력을 자세히 알아내 진찰하고 혈액 검사, 소변 검사, 영상 의학 소견 등 여러 단계를 거쳐서 얻은 정보를 종합해서 해석하는 과정이다. 진단 과정 중 부정확한 정보가 누적되면 오진할 수 있다. 문진은 병의 발생 상황과 증세 등을 묻고 자세히 경청하는 진단의 기초적인 과정인데 이것을 꼼꼼히 하는 것만으로도 진단의 정확도를 높일 수 있다. 스위스 치즈 모델은 우리의 일상에도 적용된다. 사람들은 실패를 줄이기 위해 다양한 노력을 하지만 말과 행동, 태도 등 삶의 방식에 많은 허점이 있어 실수를 거듭한다. 따라서 이를 방지하기 위해 먼저 다른 사람의 말을 경청하는 자세를 갖는다면 실패를 줄일 수 있을 것이다."[18]

한마디로 소통이 중요하다는 것이다. 현장의 상사간, 부서간 열려 있는 의사전달 체계가 사고 예방에 크게 도움을 준다는 것이다. 형식적인 의사소통 체계가 얼마나 큰 사고의 원인이 되는지에 대한 최근의 사례가 있다.

2022년 10월 14일 경기도 부천 K 제빵 공장에서 소스 배합 작업을 하던 R씨의

---

18) 거제아동병원의 박진홍 원장이 주간기쁜소식(http://www.igoodnews.or.kr)에 게재한 내용을 그대로 인용한 것임

끼임에 의한 사망사고이다.

(…)

잠재위험 발굴카드를 통해 근로자가 위험을 느끼는 점을 작성해 제안할 수 있도록 했다. 실제로 내부 제안 등의 문화 자체는 발달해 있다는 것이 재직자들의 공통된 증언이다. 경영책임자는 내부자의 의견을 주의 깊게 살피고 반영해야 할 필요가 있다. 하지만 K기업에서 끼임 사고는 반복적으로 일어났다.

(…)

당시 K기업의 경영책임자는 2021년 2월 선임된 H 대표이사. 인간공학으로 석사, 박사 학위를 취득한 그의 이력을 보면 현장 근로자들이 처한 위험성을 잘 확인할 전문성과 능력을 갖추고 있었다. 그가 먼저 거쳤던 전자 회사 역시 현장 근로자들의 안전 체계에 대해서는 국내 최고 수준이었던 기업이었다. 안전보건과 관련된 업무 보고 활동은 거의 취임 즉시부터 진행됐다. 그리고 6월 말에는 5가지 중대재해 유형에 대한 보고를 받고 이를 8월 말까지 시정한다는 계획도 수립된 상태였다.

(…)

재해 조사를 담당했던 산업안전보건 감독관과 재해 원인을 분석한 안전보건공단 등의 관계자들은 "보통 이 정도 권고를 하면 수용하는데…"라면서 탄식할 정도였다. 이 정도의 대기업이 취하지 못할 안전조치는 아니었기 때문이었다. 거기에다 내부적으로도 직원들을 통해 위험성에 대한 안전조치 의견과 제안을 받은 정황도 확인됐지만 크게 개선되지 않았다.

경영책임자가 안전관리에 관한 한 전문가라는 이유로 산업안전보건 감독관의 권고사항을 무시했다는 것이 사례분석의 요지이다.

사고는 지금 이 순간에도 어느 현장에선가 계속 일어나고 있다. 돌고 돌고 또 돌다가 어느 시점에서 "이번엔 당신 차례거든!" 하고 들이닥친다.

'설마'가 사람잡는 순간이다. 이게 사고의 특성이다. 운이 나빠서 그런 일을 겪는다고 생각하는가? 물론 그럴 수도 있다. 그러나 보다 근본적인 것은 "치즈 구멍을 메울 방법이 적절치 않아서 그렇다"라고 생각하는 게 올바르지 않겠는가?

이래도 안전의 문제가 안전 관련 부서나 담당자만의 책임이라고 외칠 것인가? 결코 그럴 수 없다. 전사적이며, 경영전략의 한 축으로 다루어야 할 핵심과제임을 명심할 것!

그래야 희망이 있다.

참고문헌

고마츠바라 아키노리, 인적오류, 세진사, 2016.

나카타 도오루, 휴먼에러를 줄이는 지혜, 인재NO, 2015.

문광수 외, 안전이 묻고 심리학이 답하다, 좋은땅, 2022.

박종선 외, 근로자와 사업주의 안전의식 수준 실태조사 및 조사체계 개발, 안전보건공단, 2013.

윤석준 외, 기업의 안전문화 평가 및 개선사례 연구, 안전보건공단, 2016.

이선희 외, 기업의 안전문화 수준에 관한 심층분석 연구, 안전보건공단, 2017.

이선희 외, 중대재해 예방을 위한 사업장의 안전풍토 진단 및 지원 연구, 안전보건공단, 2021.

이양수, 안전경영_1%의 실수는100의 실패다, 이다미디어, 2015.

이정식 외, 중대재해 사고백서_2023 아직 위험은 끝나지 않았다, 고용노동부외, 2022.

이충호, 친밀한 위험들, 이담 Books, 2020.

정완순 외, 안전문화와 효율적인 안전경영체계에 관한 연구, 한국산업안전공단, 2004.

정진우, 안전문화_이론과 실천, 교문사, 2023.

정진우, 안전심리, 교문사, 2022.

조필래 외, 작업 위험성 평가에 관한 기술지침, 한국산업안전보건공단, 2020.

줄리엣 카이엠, 악마는 잠들지 않는다, 민음사, 2023.

제2장

안전경영문화의 이해

01

안전경영문화, 그게 그렇게 중요해?

"for Risk Zero Workplace!"

　기어이 우리도 안전 영역에 '문화(culture)'라는 딱지를 붙여 사용하려는 움직임이 유행처럼 번지는 상황을 맞이했다. 바람직한 일이긴 하나 언제까지 이어질지가 궁금하다.

　행여, 이번에도 쉽게 받아들이고 쉽게 버리는 우리의 특성(냄비 근성)이 드러나지 않을까 염려스럽다. 스쳐 지나가는 바람이 아니길 빌 뿐이다. 앞뒤 다 잘라내고 '문화'란 딱지만 붙이면 뭔가 고상해지는 모습만을 연상해서 벌이는 운동(?)으로 전락하지 않았으면 좋겠다. 그러려면 보다 근원적으로 '문화'에 대한 이해가 필요하다.

　별게 다 문화라는 딱지를 붙여 세상 사람들의 생각 속에 자리 잡고 있다. 음주문화, 결혼문화, 소비문화, 놀이문화, 외식문화, 대화문화, 가족문화, 전통문화….

　한도 끝도 없다. 명사에 '문화'만 붙이면 하나의 문화 카테고리가 형성되는 세상이다.

먼저 문화에 대한 개념 정의부터 생각해 보자.

일반적인 정의로써 문화란, 특정 사회 또는 집단이 공유하는 가치, 신념, 행동, 언어, 예술 등의 다양한 요소들의 집합이다. 이는 집단의 정체성(identity)과 동일성을 형성하고 유지하는 데 중요한 역할을 한다.

문화는 전통, 역사, 종교, 경제적 상황 등 다양한 요인에 의해 형성되며, 개인의 생각과 행동 방식에 영향을 미치는 데 큰 영향을 주기도 한다. 더 나아가 문화는 사회적 상호작용과 커뮤니케이션 방식에 영향을 미치며, 새로운 아이디어와 가치를 형성하고 전파하는 역할을 한다.

이처럼 문화의 역할과 영향은 다양하며, 속해 있는 개체들의 행동양식에 크게 영향을 미칠 만큼 힘이 세다.

최진석 교수[19]의 정의는 좀 색다르다. 문화란, '무엇인가를 이루기(文) 위해 변화를 야기하는(化) 것'이란다. 따라서 문화는 지극히 인간적인 행위다. 그리고 특정한 변화를 야기한다는 것을 끊임없는 활동에 의해 만들어진다는 뜻이다. 궁극적으로 문화는 오랜 활동의 기반으로 이루어지는 결과물이다.

두 가지 정의 모두 쓸 만하다.

그렇다면 안전문화는 무엇이며, 오늘날 그것이 왜 그렇게 중요한 화두가 되고 있는가?

어른들이 아이들에게 던지는 질문들 중에 이런 게 있다. (아이들에게 이런 질문을 던지는 것 자체가 난센스다.)

"엄마가 좋아, 아빠가 좋아?"

---

19) 베이징 대학교 대학원 도가철학 박사, 서강대학교 철학과 명예교수, 건명원 초대 원장 역임

질문을 받은 아이는 엄마 한 번, 아빠 한 번 쳐다보며 당황스러워한다. 그러다 '고아원!' 하고 소리 지르면 어쩔려구.

똑같은 방식의 질문을 조직원에게 던진다.

"납기가 중요해, 아니면 안전이 중요해?"

앞의 어린 아이의 대답처럼, "퇴사가 중요해!" 라는 대답이 나오면 어쩌려고 그런 질문을 던지는가.

엄마도 아빠도, 납기도 안전도 다 중요하다! 그런데 상황에 따라 좀 다르다고 해야 할까. 이런 경우에 안전경영문화가 정착된 조직은 무리한 납기준수로 인해 안전이 위협을 당할 거라고 예상된다면 '안전' 쪽을 선택하는 방향으로 의사결정을 하지 않을까. 결코 쉬운 결정은 아니지만 그럴 가능성이 크다. 사실 납기준수도 버릴 수 없는 가치이기 때문에 이런 경우를 대비하여 사업연속성관리(business continuity management) 차원에서 대체인력을 확보하는 시스템을 만들어 놓을 수도 있을 것이다.

반면에 안전경영문화라는 개념이 정착되어 있지 않은 조직은 당연히 '납기준수' 쪽에 선다. 그렇게 해도 지금까지 잘 지내왔다는 것이 그들의 논리다.

문화가 하나의 공유된 가치(shared value)로써 작동할 경우, 때로는 융통성이 없어 보이지만 뒤집어 보면 의사결정의 효율을 촉진하는 도구가 된다는 점에서 매우 유용한 도구다.

그리고 조직원들의 커뮤니케이션 방식을 결정하는 데에도 크게 영향을 미친다. 예를 들어, 현장 작업자가 상사로부터 안전을 무시한 지시나 명령을 내릴 때 "반장님, 제가 보기엔 이러이러한 위험이 예상되는 데 한 번 더 생각해 보시고 작업지시를 내려 주시면 감사하겠습니다." 라고 의견을 제시할 수 있는 것도 안전문화가 형성되지 않은 조직에서는 생각할 수 없는 일이다.

　문화란 오랜 시간이 지나면서 형성되는 것인데, 안전문화에 대한 필요성을 강조하면서 마치 하루아침에 달성되는 것처럼 몰고 가는 현실이 사실 좀 우려스럽다. 안전문화 캠페인이나 안전문화운동을 장려하는 것으로는 결코 원하는 결과를 얻을 수 없다. 이런 방법들은 모두 일회성이다. 이런 활동들이 통했다면 그동안 우리나라 사업장의 사건 사고는 절반 이상으로 줄어들었을지도 모른다.

　체계적인 방법을 통하여 절차에 따라 차근차근(step-by-step)준비하고 활동하는 자세로 풀어가야 할 주제이다. 즉, 전사적 전략의 관점에서 접근해야 한다. 그런 의미에서 이 책이 어느 정도는 도움이 될 것으로 기대한다.

02

조직문화 속 안전경영문화

"for Risk Zero Workplace!"

문화를 조직에 적용해 보자.

"조직문화란 조직 내에서 공유되고 표현되는 가치, 믿음, 태도, 행동 패턴 등의 집합체이다.

이는 조직 구성원들이 상호작용하고, 일하는 방식은 물론, 조직의 목표를 달성하기 위해 지켜야 하는 규범과도 연관된다. 조직문화는 조직의 역사, 가치관, 리더십 스타일, 업무환경 등 다양한 요소에 의해 형성되며, 조직 구성원들의 행동 및 의사결정에 큰 영향을 미친다."

조직심리학자 Schein(1996)은 조직문화에 대해 다음과 같이 정의하고 있다.

"조직 구성원들이 공유하고 있는 기본 가정"

뭔가 알쏭달쏭하다. '기본 가정'은 또 뭔가? 기본 가정이란, 조직 구성원이라면 누구든지 당연하게 생각하는 신념이나 생각을 의미한다.

추상적인 정의라서 이해하기 어려우니, 예를 들어 좀 더 구체적으로 설명을 덧붙여 보겠다.

현대그룹의 창업주 故 정주영 회장의 어록 중 너무도 유명하여 아직도 세간에 뜨겁게 회자 되는 것이 있다.

"임자, 해 보기나 했어?"

이 정신은 그의 도전 정신과 사업에 대한 열정을 한마디로 표현하는 것이라고 생각한다. 오늘날 현대그룹을 굳건하게 지탱하는 힘은 바로 "Can Do Spirit(할 수 있다는 의지, 도전 정신)"이고, 그것이 현대그룹의 조직문화로 자리 잡고 있다는 것은 결코 우연이 아니다.

해 보기도 전에 안 된다고 하지 말고, 일단 해 보고 되는지 안 되는지 판단하자는 게 '현대'라는 조직에서 통용되는 기본가정이다.

삼성그룹은 어떤가?

예전에 삼성그룹 계열사들은 상호(商號)에 유난히 '제일'이라고 붙어있는 것이 많았다. '제일제당, 제일모직, 제일기획…'

그리고 독자들 중에는 삼성자동차 광고 메시지인 "삼성이 만들면 다릅니다."라는 문구를 기억하는 사람이 있을 것이다. 이러한 현상 역시 삼성의 창업주 故 이병철 회장의 '제일주의'에 영향을 받아, 기업문화로 자리를 잡고 있는 징표다. 제일주의 문화는 여전히 삼성의 성장과 글로벌 경쟁력 강화에 강력한 역할을 하고 있으며, 회사의 중요한 가치로써 대·내외 소통의 핵심 토대가 되고 있다.

일단 뭘 하려고 맘을 먹으면 '제일 잘해야' 한다는 게 삼성의 조직원들 간에 자리 잡고 있다.

두 개의 기업을 통해 조직문화에 대한 이해가 보다 분명해졌을 것으로 기대한다. 이를 좀 더 세련된 방식으로 정의해 보겠다.

이처럼 조직문화는 어떤 조직의 구석구석, 그리고 구성원들의 마음 속에 내재화(internalization)되어 일하는 방식을 결정하고 에너지를 만들어 내는 원천으로 작용하기도 한다.

조직심리학자 Schein(1996)은 세 가지 차원에서 조직문화를 설명하고 있는데, 안전경영문화에 적용하기 적절하여 여기에 소개하고자 한다.

그림에서 보듯이 조직문화는 세 개의 덩어리로 구성되어 있다. 기본 가정(underlying assumptions)은 심층에 있어서 보이지 않는(invisible) 영역이다. 그럼에도 불구하고 사람들의 마음속에 자리를 잡고 있어서 무의식 중에 튀어나와 생각과 결정에 영향을 미친다.

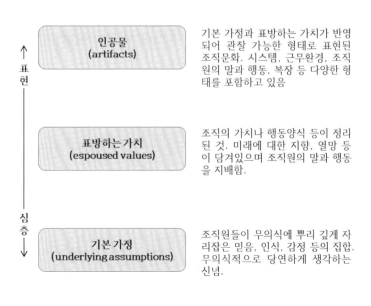

↑
표
현

인공물
(artifacts)

기본 가정과 표방하는 가치가 반영되어 관찰 가능한 형태로 표현된 조직문화. 시스템, 근무환경, 조직원의 말과 행동, 복장 등 다양한 형태를 포함하고 있음

표방하는 가치
(espoused values)

조직의 가치나 행동양식 등이 정리된 것. 미래에 대한 지향, 열망 등이 담겨있으며 조직원의 말과 행동을 지배함.

심
층
↓

기본 가정
(underlying assumptions)

조직원들이 무의식에 뿌리 깊게 자리잡은 믿음, 인식, 감정 등의 집합. 무의식적으로 당연하게 생각하는 신념.

보이지 않으나 영향을 미치는 무의식의 덩어리(?)다. 예를 들어 설명하면 이해가 빠를 것이다.

공자(孔子)가 외출에서 돌아와 보니 불이 나서 집이 몽땅 타버렸다. 그 광경을 보고, 공자가 하인에게 묻는다.

"누구 다친 사람은 없는가?"

이게 바로 공자의 마음속에 들어 있는 사람에 대한 기본 가정이다. 이것을 조직의 안전에 그대로 적용해 보면 된다. 조직문화란 조직원들이 평소에 당연하다고 여기는 생각이나 믿음이다. 현대와 삼성의 예에서 살펴본 그대로다.

두 번째는 표방하는 가치(espoused values)는 '기본 가정'과 '인공물'의 중간에 놓여 있다. 빙산에 비유하여 말하자면, 절반은 수면 위에 드러나 있고 나머지 절반은 수면 아래 존재하는 것이다. 학교 교실마다 칠판 위에 걸려 있는 교훈과 급훈을 본 적이 있을 것이다. 이런 형태가 바로 조직이 '표방하는 가치'라고 할 수 있다. 주로 언어로 표현된다. 조직에서 정의된 핵심 가치(core value)가 이런 형태이다.

기업이란 각종 시스템, 규정 및 절차 등에 의해 움직이면서 성과를 내는 것으로 먹고 사는 유기체다. 이런 유의 것들은 일반적으로 해당 기업의 문화를 반영한 것으로 채워져 있다.   .

세 번째, 인공물(artifacts)은 말 그대로 유형물들의 집합이다. 기본 가정과 표방하는 가치를 반영하는 눈에 보이는(visible) 현상들, 근무환경, 조직구조, 업무매뉴얼, 복장, 시스템, 문서양식, 조직원들이 사용하는 언어 등을 포함한다. 인공물은 가끔 조직문화의 한 부분이라고 인식하지 못하는 경우들이 있다.

첫 번째는 뭔가 있는 것 같은데 CEO가 그런 것에 별로 신경을 안 쓰기 때문에 직원들이 역시 대수롭지 않게 여기는 경우이고, 두 번째는 아예 문화라고 내세울 거리가 없는 조직의 경우이다. 이래저래 둘 다 모래알 같은 조직이라는 데에 문제가 있다. 궁극적으로 결속력이 없다.

하나의 조직문화 안에는 여러 개의 하위 문화들이 자리 잡고 있다. 혁신문화, 안전경영문화, 고객중시문화, 인간존중문화, 품질제일문화 등등.

안전경영문화란 안전과 관련된 조직문화다.[20] 너무 압축이 심하니, 좀 풀어 설명하면 이렇다.

"조직 구성원들이 공유하고 있는 안전에 대한 신념이나 생각"이라고 얘기할 수 있겠다.

예를 들어, A직원이 아차 사고로 큰 부상을 겪을 뻔한 경험을 했다. 이때 A는 두 가지 생각으로 갈등한다. "팀장에게 보고해, 말어?"

이때 보고할지 말지를 결정하는 데 영향을 미치는 것이 바로 그 조직의 안전문화다. A가 별 고민 없이 팀장에게 보고한다면 그 조직은 안전문화의 피가 흐르는 조직이라 할 수 있을 것이다. 반대로, "에이, 보고해 봐야 뾰족한 수가 있나?"라고 생각한다면 그 조직의 안전문화는 꽝이다.

조직문화의 하위 개념으로써의 안전경영문화에 대한 개념도를 그려 보고 설명을 이어가 보도록 하자.

다음 그림은 조직문화의 관점에서 안전경영문화를 비교한 것인데, 어떻게 상호 연동되는지 보면 조직문화와 안전경영문화는 구성 요소에서만 약간의 차이가 있을 뿐 매우 상호일치성이 높다는 것을 확인할 수 있다.

---

20) 안전보건공단, 안전문화 길라잡이1, P.10. .2021. 12.

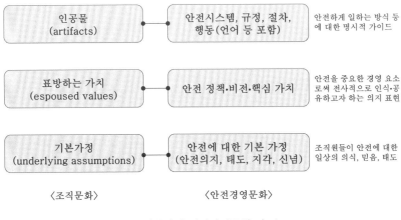

인공물 (artifacts)	→	안전시스템, 규정, 절차, 행동(언어 등 포함)	안전하게 일하는 방식 등 에 대한 명시적 가이드
표방하는 가치 (espoused values)	→	안전 정책·비전·핵심 가치	안전을 중요한 경영 요소 로써 전사적으로 인식·공 유하고자 하는 의지 표현
기본가정 (underlying assumptions)	→	안전에 대한 기본 가정 (안전의지, 태도, 지각, 신념)	조직원들이 안전에 대한 일상의 의식, 믿음, 태도

〈조직문화〉　　　　　　　　〈안전경영문화〉

〈조직문화와 안전경영문화 비교〉

■ 안전에 대한 기본 가정

이미 언급했듯이, 안전문화란 조직 구성원들이 현장 안전에 대해 공유하고 있는 기본 가정이다. 그런데 기본 가정이 뭐냐면, 조직 구성원들이 당연하게 생각하는 무의식적 신념이다.

"눈빛만 봐도 알아요"라는 말처럼, "안전에 대한 제반 규정? 그거 당연히 지켜야 하는 거 아냐?"라는 분위기가 조직 내부에 그냥 물처럼 흐르고 있다면 최상 중 최상이다. 안전규정이나 절차에 대해 누가 "지켜라 마라" 할 대상이 아니다.

누구든 안전이 중요하다는 생각을 가지고(태도), 제반 규정은 바로 나를 지키기 위한 중요한 수단이라는 자세(태도)를 가지며, 안전이란 정말 다른 것보다 중요하다(신념)를 굳건하게 지키려는 마음(의지)을 갖는 것으로부터 현장안전은 유지되는 것이다.

■ 안전 정책 · 비전 · 핵심가치

대기업을 비롯한 왠만한 규모의 중견기업 정도면 대부분 회사 현관에 안전 정책을 액자에 넣어 내 · 외부 사람들이 오가며 볼 수 있도록 한다. 이왕에 할 거라면 안전 비전과 안전 핵심 가치도 설계하여 직원들과 공유하는 활동을 추가했으면 좋겠다.

정책이나 비전, 핵심 가치 등은 회사의 경영진이 안전이 정말 중요하다는 것을 공표하는 의식적 행위이다.

■ 안전시스템, 규정, 절차, 행동(언어 포함) 등

이 부분은 오감으로 체험할 수 있는 영역이다. 현장 구성원들의 행위와 가장 가까이, 직접적으로 연관되는 부분이라고 할 수 있다. 그러므로 "예/아니오"로만 통한다. 중간 경계란 없다. 예를 들어, "○○하려면 안전모를 써야 한다"라고 규정되어 있으면 그냥 군말 없이 써야 하는 것이다.

안전경영시스템의 대표적인 것으로 ISO45001이나 KOSHA MS를 들 수 있다. 모든 경영시스템은 예외 없이 PDCA(Plan→Do→Check→Act) 구조를 따른다. 그런데 이상하게도 중소현장에서 안전관련 PDCA는 보기 어렵고, Plan(기획/계획)은 보이지 않고, Do(수행) 중심으로만 이루어지는 이유는 무엇으로 설명할 수 있을까? 짐작컨대, 안전의 문제를 대증요법의 대상으로 보고 있는 것은 아닐까?

이런 현상은 아직도 안전의 문제를 정부 관계기관의 지시나 강요에 따라 수동적 · 대응적 자세로 다루고 있다는 반증이다.

안전시스템, 규정, 절차, 행동(언어 포함)은 매우 구체적일수록 좋다. 그리고 현장의 형편에 걸맞게 설계하여야 함을 잊지 않아야 한다.

03

안전경영문화 경로 찾기

"for Risk Zero Workplace!"

앞에서 안전경영문화는 결코 캠페인 같은 것으로 이루어질 수 있는 주제가 아니라는 걸 인식했다. 잡힐 듯 잡히지 않는 것이 문화의 특성이다. 안전문화의 문제를 캠페인과 같은 1회성 이벤트로 다루려고 하는 이유는 문화의 추상적 개념이 구체적 접근을 어렵게 하기 때문에 나온 결과이다.

다음 그림은 현장안전이 어떤 경로를 거쳐 실현될 수 있는지에 대한 개념도를 보여주는 것이다. 이 전체의 과정을 개선·반복함으로써 조직의 안전경영문화가 성취될 수 있을 것으로 기대한다. 본서의 필진은 이 모형을 편의상 '안전경영문화 실천 경로'라고 명명하였다. 그림을 통해 알 수 있는 바와 같이 현장안전은 다양하고, 복합적인 요인으로부터 영향을 받고 있음을 알 수 있다. 단계를 이루는 각각의 요소들을 간단하게 설명하면 다음과 같다.

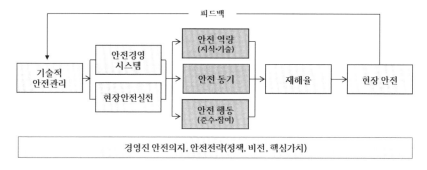

〈안전경영문화 실천 경로〉

기술적 안전관리

엔지니어링, 장비/설비, 안전장치, 물질, 공정, 법률 및 규정 이행 등을 통한 안전관리 영역이다.

앞의 Hudson의 안전관리 단계 모형에서 확인했듯이, 기술적 안전관리는 안전관리의 출발점이다. 대부분의 중대재해는 기술적 안전관리의 소홀로 인하여 발생하는 것은 결코 우연이 아니다. 그렇지만 기술적 안전관리만 잘한다고 해서 현장의 안전이 보장되는 것은 결코 아니라는 점을 명심해야 할 것이다.

안전시스템 중심 안전관리

통합시스템, 안전보건경영시스템 인증, 안전규정 및 절차, 위험성평가, 안전보건 관리체계, 사고관리, 안전관리조직, 안전제안, 안전교육 및 훈련 등 기술적 안전관리를 지원할 수 있는 관리 체계를 통한 안전관리가 여기에 해당한다. 기술적 안전관리 영역이 하드웨어적 측면의 관리라면 안전시스템 중심 안전관리는 소프트웨어 측면의 관리영역이다.

혹시 독자 중에 "우리 회사는 ISO45001 또는 KOSHA-MS를 구축하였고, 교육훈련을 실시하고 있으니 안전에 전혀 문제가 없다."라고 생각하는 사람은 없는가? 하나의 지침을 만들었을 뿐이다. 만일에 그렇게 생각하고 있다면 착각도 그런 착각이 없다. 안전이 완벽한 문서체계로 결정되는 영역이라면 대한민국 현장 안전은 아주 먼 옛날에 이미 달성되었을 것이다.

위험성평가를 했다고, 안전보건 관리체계가 수립되었다고 안전한 것이 아니라, 그것들을 활동으로 연동시키는 일상적 수고를 하지 않는다면 그 문서들은 죽은 문서(死文)에 불과하다. 지금 이 순간에도 온갖 사문서들이 차가운 캐비닛 안에서 울고 있음을 잊지 않아야 한다.

현장안전실천

작업에 필요한 안전 장비 및 시설 구비상태, 안전 규정 및 절차 준수, 위험요인 관리, 작업장 안전활동(툴박스미팅, 현장점검, 안전관찰활동 등)이 여기에 속한다. 특히, 현장안전실천에서는 관리감독자 리더십이 매우 중요한 역할을 한다.

앞의 두 영역(기술적 안전관리, 안전경영시스템 중심 안전관리)가 현장에서 어떻게 구현되고 있느냐에 따라 조직이 안전 수준은 크게 영향을 받는다.

안전역량(지식 · 기술)

안전수칙 및 작업표준, 물질안전보건자료(MSDS), 안전관련 전문성, 위험상황 발생시 대응력 등에 대한 역량이 여기에 해당한다.

앞의 세 단계는 근로자 개인의 현장 업무 지식 및 과업을 다루는 적절한 기술 수준에 영향을 미친다. 다시 말해, 앞의 세 가지 요인의 종속변수 쯤으로 이해하는 게 맞다. 현장 근로자가 자신이 맡고 있는 업무 지식과 해당 기술에 숙련도가 낮은 이유로 위험에 노출되는 정도가 높은 것은 너무나 당연한 일이다. 수시 또는 정기적으로 교육과 훈련을 통하여 관련 지식과 기술을 습득할 수 있도록 조치해야 한다. 당연히 관리감독자의 역할이 중요할 것이다.

안전동기 및 행동(준수·참여)

사고에 대한 경각심, 안전활동에 대한 긍정적 태도, 작업 시안전에 대한 인식, 작업표준 절차의 준수, 자발적 안전장비 착용 등에 관한 사항이 여기에 속한다. 아무리 좋은 시스템이 도입된다고 해도 근로자 개인들이 자발적 참여 행동과 준수 노력이 없다면 사상누각에 불과하다.

경영진의 안전의지 및 전략

안전경영문화 실천 경로를 그린 도표의 전 과정을 아우르는 요소가 바로 경영진의 안전 의지이다. 경로의 모든 과정과 단계가 경영자의 안전의지가 백업되지 않으면 한 발짝도 나아갈 수 없기 때문이다. 실제로 안전경영문화 구축에 가장 큰 영향을 미치는 변수가 곧 경영진의 안전의지이다.

직원들의 생명과 신체적 건강에 대한 진정어린 관심, 그에 따른 예산배정, 안전보건 관련 전략 등은 안전한 사업장을 이룩하는 데 절대적인 영향이다.

관리감독자나 안전책임자에게 맡겨 놓고 일 년 내내 작업현장에 나타나지 않는 경영자를 두고 어떻게 안전의지가 있다고 할 수 있겠는가?

경영진은 조직의 안전경영문화 수준이 위의 6가지 요소들을 전사적으로 반복 수행하는 것으로 달성되는 영역임을 자각하고 중요한 경영의 축으로 다룰 것을 권유하는 바이다.

지금까지 중소규모 기업들의 안전관리 행태는 정부 관계기관들의 요구사항에 밀려 즉흥적으로 대응하는 형태를 띠었다. 좀 한다 하는 업체는 ISO45001이나 KOSHA-MS 정도를 구축하는 것으로 안전관리 업무를 잘하는 것으로 여겼다. 그러다 보니 안전담당자의 서류작업 위주로 이루어지는 경우가 많았고, 그게 마치 안전활동인 것으로 착각 아닌 착각을 하며 지내 왔다. 이러한 풍토는 오늘날 안전관리 분야의 전략적 관리를 어렵게 하는 장애물로 작용하는 경우도 있었음을 부인하지 못한다.

전략이나 계획 없이 이루어지는 안전활동의 남발은 단발적이며, 피곤한 현장 구성원들의 어깨 위에 부가적 과업을 하나 더 얹어 주었다. 그런 관행들이 쌓이고 쌓여, 너무나 당연히 이행해야 하는 안전관리활동은 '귀찮은' 것으로 간주되고 있지는 않은가. 이래서야 어떻게 안전경영문화가 정착할 수 있겠는가?

참고문헌

박진홍 외, 기업의 안전문화 수준변화와 재해율과의 상관관계: P사 사례연구, J. Korea Saf. Manag. Sci. Vol. 24 No4, 2022.

안종주, 산업안전보건에 관한 규칙, 고용노동부 외, 2022.

윤석준 외, 기업의 안전문화 평가 및 개선사례 연구, 안전보건공단, 2016.

이선희 외, 기업의 안전문화 수준에 관한 심층분석 연구, 안전보건공단, 2017.

이선희 외, 안전문화 길라잡이 1, 안전보건공단, 2021.

이선희 외, 중대재해 예방을 위한 사업장의 안전풍토 진단 및 지원 연구, 안전보건공단, 2021.

이선희 외, 화학산업 안전풍토(Safety Climate) 조성방안 마련, 안전보건공단, 2020.

전우명 외, 시설관리 기업의 안전문화가 안전행동과 경영성과에 미치는 영향에 대한 연구, 경영컨설팅연구 제18권 제2호, 2018.

정완순 외, 안전문화와 효율적인 안전경영체계에 관한 연구, 한국산업안전공단, 2004.

정진우, 안전문화_이론과 실천, 교문사, 2023.

홍인기 외, 안전문화 평가방안 연구, Journal of the Korean Society of Safety, Vol. 31. No1, 2016.

제3장

안전경영문화
전략수립 체계

01

안전경영문화 전략적 뼈대

"for Risk Zero Workplace!"

어떻게 하면 안전의 문제를 전사적 차원으로 끌어올릴 수 있을까 고민해야 할 차례가 되었다.

앞에서 우리는 오늘날의 안전관리 문제는 전략적, 더 나아가 전사적으로 관리해야 할 필요가 있음을 강조한 바 있다. 물론 조직 내 안전관리를 전문적으로 담당해야 할 부서가 있어야 하고, 필요한 전담 인력이 배치되어야 한다. 그렇지만 예전의 관행에서 새로운 패러다임으로 전환하기 위해서는 보다 근본적인 변화 노력이 필요하다. 그 첫 번째 작업이 바로 조직 내 안전경영문화를 정착시키기 위한 전략적 뼈대를 세우는 일이다.

이를 위해 필자는 일반적으로 통용되는 경영전략 수립 프레임을 활용하는 것이 적절하다고 판단하여, 안전경영문화를 구축하는 데 활용하고자 한다. 어떤 프로젝트든 장기적인 관점에서 먼저 전체적인 방향과 목표를 정하는 일부터 시작해야 맞다. 다음 그림은 안전경영문화 전략연구회[21]에서 개발하여 적용하고 있는 모형이다.

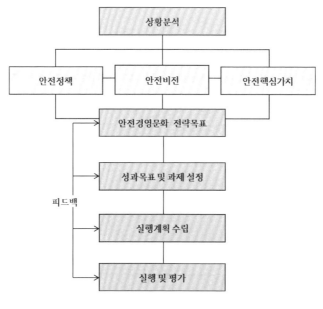

〈안전경영문화 전략 수립체계〉

이번 장에서는 각각의 주제별 프로세스와 관련 내용들에 대해 보다 상세하게 다루고자 한다.

이 모형은 결코 절대적일 수 없다. 각 사업 현장의 특성과 안전경영문화 성숙도 수준에 따라 유연하게 운영·관리하면 될 것이다. 중요한 것은 본 모델을 활용하여 안전경영문화 전략을 수립해 놓고, 실행하는 과정과 노력이 없다면 지금까지

---

21) 안전경영문화 전략연구회는 주로 중소기업의 안전경영문화 체계 구축 및 실행 방법을 지원하기 위해 만든 임의 조직이다.

관행을 답습하는 모양과 똑같을 것이다. 이는 마치 죽은 시스템을 앞에 놓고 살아날 때까지 절을 올리는 것과 같다.

이 모형을 보면 피드백은 '안전경영문화 전략목표'와 '실행 및 평가' 사이에 걸쳐 있음을 알 수 있다.

안전 정책, 안전 비전 및 핵심가치 설정 등은 한번 정하면 특별한 상황 변화가 없는 한 오랜 기간 동안 바뀔 일이 없는 항목들이다. 실제로 조직에서 활동으로 나타나는 것은 상위의 항목들(안전 정책, 안전 비전 및 핵심가치)을 기반으로 하여 목표를 정하고, 계획을 수립하며, 실행하고 평가하는 일이다.

문화란, 보이지는 않지만 사람의 태도를 결정하고, 행동을 통제하는 등의 기능을 담당한다. 하나의 문화가 조직에 정착하기까지는 많은 노력과 시간이 필요하다. 어느 날, 갑자기 "이것이 우리 문화니까 그렇게 알아!"라는 돌발적 선언으로 만들어지는 것이 결코 아니다. 먼저 올바른 방향을 정하고, 그 방향에 따라 매일 그리고 조금씩, 때로는 지루할 수도 있겠지만 "그 길만이 사는 길"이라는 믿음으로 나아가다가 어느 땐가는 만나게 되는 지점이 바로 문화다. 이번 장에서는 우선 안전경영문화를 구축하기 위한 전략적 뼈대를 구축하는 실제적인 방법론을 공부해보고, 그 다음부터는 안전경영문화를 조성하려면 어떤 활동들이 필요한지에 대한 활동 중심의 내용들이 다루어질 것이다. 문제는 가시적 성과가 날 때까지 어떻게 일관성 있게 지속적으로 추진하느냐이다.

02

내·외부 상황분석

"for Risk Zero Workplace!"

"다리를 뻗으려면 누울 자리를 먼저 살펴라."

어떤 표현도 상황분석에 대해 이보다 함축적이며, 적절한 비유를 이제껏 본 적이 없다.

누울 자리를 살핀다는 것은 누울 곳의 주변 여건과 분위기를 살핀다는 뜻이요, 다리를 뻗는다는 것은 앞으로 어떤 방향으로 나아갈 것인지를 판단하고 행동하는 일이다. 전략의 관점에서 좀 더 거창하게 말한다면 백전불태(百戰不殆, 백번 싸워도 위태롭지 않다)를 위해 지피지기(知彼知己, 나와 그 외의 모든 여건을 살펴 안다) 한다는 말과 같다.

안전관리만 하면 되지, 굳이 상황분석을 해야 하는 이유를 모르겠다고 반문할수도 있다. 그게 그렇지 않다. 안전관리를 한 차원 높은 문화의 수준까지 도달하기위해서는 안전의 문제를 경영전략 차원으로 끌어 올려야 한다. 이미 우리는 법적 규제를 강화하고, 처벌의 수위를 높이는 부정적 강화(negative enforcement)[22] 방법만으로는 결코 재해율이 줄어들지 않는다는 것을 뼈저리게 경험하고 있지 않은가? 안전을 전사적 경영전략의 한 축으로 놓고 관리하지 않으면 안 된다는 엄중한 메시지다.

전략을 수립하기 위해서 가장 먼저 검토해야 할 내용이 바로 조직 내부 및 외부에 대한 상황분석(안전 관련 현황분석)이다. 조직을 둘러싸고 있는 제반 환경요소들은 항상 경영에 긍정적 혹은 부정적 영향을 미치게 마련이다. 법률 조항 하나가 기업 경영에 타격을 주기도 하며, 근로자의 생각이나 행동 하나하나가 기업의 생존에 영향을 미치는 시대이다. 그러니 어찌 그런 요소들을 분석하지 않을 수 있겠는가? 중소기업 수준에서는 익숙하지 않은 과정이지만 반드시 거쳐야 하는 수순으로 인식해야 한다. 이제 하나씩 살펴보기로 하자.

먼저, 안전에 관련된 **내부 상황분석(internal situational analysis) 항목**들을 정리해 보기로 한다.

▶ 기계, 설비, 공정, 물질 등에 대한 안전상태
▶ 평상시 경영진의 관심도
▶ 관리감독자 리더십 역량
▶ 안전 관련 조직체계
▶ 협력업체 안전관리 상황
▶ 사고관리 방법
▶ TBM 및 안전 제안제도 등 운영 상황
▶ 근로자들의 안전 의식 및 행동

---

22) 처벌, 비판, 감봉, 인사상 불이익 등의 방법으로 행동을 변화시키려는 심리학적 수단임.

▶ 안전 관련 지식과 기술 수준(인적자원의 역량)

▶ 과거 3개년 동안 발생한 사건·사고 건수

▶ 과거 3개년 동안 발생한 재해의 유형(추락, 끼임, 중독, 부딪힘, 폭발, 파열, 빠짐, 아차 사고 등)

▶ 운영 중인 안전보건 관련 시스템(ISO 45001, 안전보건 관리 체계, 위험성 평가) 운영상황, 절차, 규정, 매뉴얼 등

▶ 안전 관련 교육 훈련 현황 및 만족도 수준

▶ 안전 관련 성숙도 수준

이상의 상황들은 대부분 내부 자료 및 직원들에 대한 설문, 인터뷰 및 관찰을 통하여 분석할 수 있을 것이다. 참고로, 인적자원이 50인 이하의 조직의 경우 설문을 통해서는 의미 있는 결과를 얻기 어려우므로 인터뷰와 관찰을 통하여 분석하는 것을 권장한다. 분석할 때는 아래와 같은 분석표를 활용하는 게 효율적이니 참고했으면 좋겠다.

《안전관리 관련 내부 상황 분석표》

분석 대상	분석 내용	비고
기계, 설비, 공정, 물질 등에 대한 안전상태		
경영진 관심도		
관리감독자 리더십		
조직체계		
협력업체 안전관리 상황		
사고관리 방법		
제안제도 운영 상황		
근로자들의 의식 및 행동		

안전지식과 기술 수준(인적자원의 역량)		
과거 3개년 동안 발생한 유형별 사건·사고 건수		
운영 중인 안전보건 관련 시스템(안전보건 관리체계, 위험성 평가, ISO45001, 안전보건관리규정, 작업절차서 등) 운영실태		
교육 훈련 현황 및 만족도 수준		
성숙도 수준		
기타		

이런 정도의 분석 내용만을 가지고도 우리 회사의 현재 안전관리 부문에 대한 수준을 평가할 수 있을 것이다.

그러나 내부 상황분석 내용만으로는 조직의 미래 전략 방향을 정하기 어렵다. 외부 상황에 대한 분석 내용과 함께 고려할 때 비로소 방향을 설정할 수 있는 기반이 형성되었다고 할 수 있을 것이다.

외부상황분석(external situation analysis) 항목들에는 어떤 것들이 있을까?

▶ 안전보건 관련 법률(공통): 산업안전보건법, 산업안전 보건에 관한 규칙, 중대재해 처벌법 등

▶ 업종별 안전관리 관련 법률

▶ 정치 체제의 변화

▶ 정부 정책: 자기규율 예방체계 도입, 중소기업 등 중대재해 취약분야 집중지원 관리 실시 방침 등

▶ 기술적 변화: AI를 활용한 안전관리 시스템, 빅테이터를 이용한 사건/사고 방

지 시스템 등

▸ 원청업체의 요구 사항

▸ 지역사회 요구사항

▸ 기타: ESG 관련 사항 등

외부 상황의 변화는 필연적으로 경영 전반에 직간접적으로 영향을 미치므로, 조직은 안전 관련 영역에 관한 외부 변화상황에 대한 정보를 수집하고, 분석하여 적절하게 활용할 수 있도록 해야 한다. 외부 상황분석 역시 아래의 표를 활용하는 것이 도움이 될 것이다.

《안전관리 관련 내부 상황 분석표》

분야	분석 내용	비고
정치 체제의 변화		
법률(제정, 개정)		
정부 정책		
기술적 변화		
고객(원청업체) 요구사항		
지역사회 요구사항		
소비자 요구사항		
기타		

위의 항목들은 모든 조직에게 동일하게 적용되지 않을 수 있으니, 필요한 항목에 대해서만 취사선택하여 분석하면 될 것이다.

자, 이제부터는 두 분석자료를 통합하는 일을 진행할 것이다. 보편적으로 활용하는 도구가 바로 SWOT[23] 방법론이다. 안타까운 것은 필자가 지금까지 많은 세월 컨설팅을 수행하면서 이 도구(SWOT)를 제대로 활용하는 경우를 본 기억이 별로 없다. 그저 형식적으로 사용하고 있다는 것은 실로 개탄스러운 일이다. 여기서는 보다 상세하게 조직의 안전 전략 방향을 결정하는 데 유용한 도구가 될 수 있도록 안내하려고 한다.

① 강점(S)과 약점(W)

조직의 안전 관련 내부 상황분석을 실시해 보면, 어떤 부분은 상대적으로 잘하는 부분이 있을 것이다. 예를 들어, 안전시설이 잘 구축되었다거나 경영진의 안전 의지가 확고하다면 이러한 것들은 '강점(Strength)'에 해당하는 사항들이다.

조직이란 항상 강점만 있는 게 아니다. 재해율이 업계 평균보다 높다든가, 안전 제안제도를 제대로 운영하지 못하고 있다면 그것은 약점에 속한다. 일반적으로 강점과 약점(Weakness)에 해당하는 요소들은 조직이 마음먹기에 따라 통제가능한 것들임을 알 수 있다.

② 기회(O)와 위협(T)

기회와 위협은 외부 상황 변화가 만들어 내는 결과들이다. 조직을 둘러싸고 있는 외부 상황 역시 매우 다양한 형태로 영향을 미친다. 2024년 1월 27일 이후부터 5인 이상 50인 미만의 조직체에도 중대재해 처벌법이 적용된다. 이러한 변화는 대체로 위협(W)에 해당하는 요소라고 할 수 있다. 반면에, 우리 조직의 안전에 대해 우호적인 평판이 형성되었다면 이것은 기회에 속하는 요소가 된다. 그런데 외부 상황 요소는 조직에 따라 상대적으로 작용할 수 있다는 것이다. 즉, 같은 요소라고 해도 어떤

---

23) S: Strength(강점), W: Weakness(약점), O: Opportunity(기회), T: Threat(위협)

조직에는 위협으로 작용하지만, 어떤 조직에는 기회로 작용할 수 있다는 뜻이다.

한 가지 분명한 것은, 일반적으로 기회(Opportunity)와 위협(Threat)에 해당하는 요소들은 조직이 통제하기 어려운 요소들로 구성되어 있으므로 외부 환경변화에 대해서는 적응하는 역량을 갖추는 것이 중요하다.

예를 들어, 노동부에서 안전보건 관리체계를 수립하고, 또는 위험성 평가를 수립할 것을 요구하면 그대로 시행할 수 있다면, 그 조직은 외부환경 변화에 대응할 능력이 있다고 할 수 있다.

두 영역(SW, OT)에 대한 분석 결과를 바탕으로 안전관련 전략을 도출하는 과제가 남아 있다. 앞의 두 절차(내부, 외부 상황분석)는 조직의 안전 전략 방향 도출을 위한 수고와 노력이었다. 분석된 내용들을 한 장소에 모아 놓도록 한 것이 바로 SWOT 분석표다. 이 도구를 적절하게 이용하면 조직의 안전 전략 방향을 도출하는 데 매우 효율적인 결과를 얻을 수 있을 것이다.

《선택가능한 자사의 안전경영문화 전략 방향》

내부상황 외부상황		강점(S) -.S1 -.S2 -.S3	약점(W) -.W1 -.W2 -.W3
기회 (O)	-.O1 -.O2 -.O3	OS(전략1)	OW(전략2)
위협 (T)	-.T1 -.T2 -.T3	TS(전략3)	TW(전략4)

③ 선택가능한 전략 대안

▶ OS(전략1): 기회요인(O)과 조직의 강점(S)을 결합하여 도출된 전략 대안이다. 우선순위가 가장 높다고 할 수 있다. 예를 들어 설명하면 이해가 빠를 것이다. 기회와 강점의 요소가 다음과 같이 도출되었다고 가정하자.

-.S1: 새로운 설비 도입

-.S2: 역량 있는 안전관리 책임자 확보

-.O1: 자기규율 중심의 정부 정책 전환

-.O2: 안전문화 도입 사회적 분위기 확산

〈OS〉 두 가지 영역에서 도출된 요소들을 고려한 결과 조직의 안전전략 목표는 **'전사적 안전경영문화 전략 수립'**으로 정의하였다.

▶ OW(전략2): 기회요인(O)과 조직의 약점(W)을 결합함으로써 도출할 수 있는 전략 대안이다. 이런 상황에서는 조직의 약점을 보완함으로써 외부 상황에서 주어지는 기회를 활용할 수 있을 것이다. 기회와 약점의 요소가 다음과 같이 도출되었다고 가정하자.

-.W1: 체계적인 사업장 안전관리 활동 미흡

-.W2: 안전보건 관리규정 및 작업절차서 불충분

-.O1: 자기규율 중심의 정부 정책 전환

-.O2: 안전문화 도입 분위기 확산

〈OW〉 두 가지 영역에서 도출된 요소들을 고려한 결과 조직의 안전전략 목표는 **'안전경영 시스템 관련 문서(규정 및 절차서 등) 충실성 확보'**(으)로 정의하였다.

▶ TS(전략3): 위협요인(T)과 조직의 강점(S)을 결합함으로써 도출할 수 있는 전

략 대안이다. 이런 상황에서는 조직의 강점을 활용하여 외부의 위협 상황 돌파하는 것이 적절한 전략 방향이 될 수 있다. 강점과 위협의 요소가 다음과 같이 도출되었다고 가정하자.

-.S1: 새로운 설비 도입

-.S2: 역량 있는 안전관리 책임자 확보

-.T1: 중대재해처벌법 확대 적용

-.T2: 친노동자 지향의 정권 출범

〈TS〉 두 가지 영역에서 도출된 요소들을 고려한 결과 조직의 안전전략 목표는 **'경영진 및 관리감독자 안전리더십 강화'**(으)로 정의하였다.

▶ TW(전략4): 위협요인(T)과 조직의 약점(W)을 결합함으로써 도출할 수 있는 전략 대안이다. 이런 상황에서는 안전 관련 효율화 작업을 통하여 불필요한 것들은 과감하게 제거 혹은 감소시키는 방향으로 안전전략 목표를 결정하여야 한다.

약점과 위협의 요소가 다음과 같이 도출되었다고 가정하자.

-.W1: 체계적인 사업장 안전관리 활동 미흡

-.W2: 안전보건 관리규정 및 작업절차서 불충분

-.T1: 중대재해 처벌법 확대 적용

-.T2: 친노동자 지향의 정권 출범

〈TW〉 두 가지 영역에서 도출된 요소들을 고려한 결과 조직의 안전전략 목표는 **'안전 관련 정부의 지원사업 적극 활용'**으로 정의하였다.

어떤 일도 단 한 번으로 성과를 볼 수는 없다. 익숙지 않은 길이라고 회피하기 시작하면, 나중에는 호랑이나 사자를 만날지도 모른다. 학습이란 원래 그런 것이다. 배우고, 또 익히는 과정이 필요하다. 안전경영문화라는 길은 사실은 중소기업이나 소상공인 조직에서는 없는 길을 내는 작업이다. 그렇지만 이 길은 후일 안전의 문제만이 아니라, 경영의 문제를 해결하는 열쇠가 되는 일석다조(一石多鳥) 길이었다는 것을 알게 될 것이다.

앞에서 도출한 전략대안들을 아래의 표로 정리해 본다.

《안전경영문화 전략대안 정리표》

No	전략목표 내용
전략 1	전사적 안전경영문화 전략 수립
전략 2	안전경영 시스템 관련 문서(규정 및 절차서 등) 충실성 확보
전략 3	경영진 및 관리감독자 안전리더십 강화
전략 4	안전 관련 정부의 지원사업 적극 활용

03

안전경영문화 비전 설계

"for Risk Zero Workplace!"

내부·외부 상황분석을 하다 보면, 어느 시점에서 "아하!"의 순간을 만나게 된다. 그렇다. 우리가 잘해온 부분은 무엇이고, 미흡하게 해 온 부분은 무엇인지 확연히 알게 되는 시점이 있다. 그것을 지각(perceive)하는 순간이 곧 변화의 출발점이다. 이제부터는 상황분석을 통하여 도출한 4가지 전략 중 하나인 '전략1: 전사적 안전경영문화 전략수립'을 가지고 내용을 전개할 것이다. 나머지 3개 전략도 똑같은 프로세스를 적용하여 실행해 보기 바란다.

필자가 강의를 할 때 예외 없이 던지는 질문이 하나 있다.

"우리 조직(현장·사무실 포함)이 평상시 위험요인들이 잘 관리되고 있어, 늘 안전한 상태에서 일하고 있는 모습을 생각하면서 그 느낌을 얘기해 보십시오."

각자의 느낌만큼이나 대답이 제각각이다. 이게 바로 뭉뚱그려 '안전비전(safety vision)'이라고 할 수 있겠다. 소위, 안전한 조직이 되었을 때 그 속에서 일하고 있는 우리의 모습을 그려 보는 것이다. 인간이란, 현실 속에서 부대끼면서 살고 있지만, 도달하고 싶은 꿈을 먹고 사는 존재이기도 하다. 현실의 어려움을 이겨 내는 에너지는 거기서 나온다.

이 글을 읽고 있는 독자께서도 한 번 생각해 보기 바란다.

통상 안전경영문화 비전 설계는 다음의 세 가지의 항목을 포함하고 있다.

▶ 정책(Safety Policy)

▶ 비전(Vision)

▶ 핵심 가치(Core Value)

① 진정성 있는 안전문화 정책을 선언할 것

업체를 방문할 때마다 눈에 띄는 게시물들 중에 안전 정책 선언문이 있다. 현관, 또는 복도에 잘 표구된 액자에 담겨 멋있게 장식된 선언문을 볼 때마다 솔직히 "과연 직원들 중에 이 선언문의 내용을 제대로 알고 실천하는 사람이 몇이나 될까?" 하는 노파심이 드는 게 사실이다. 또한 "경영자는 이 선언문에 담긴 내용을 어떤 무게로 인식하고 있을까?"에 대해서도 궁금해진다. 선언문의 내용이 너무 길다는 점도 좀 걸리는 대목이다. 좋은 내용을 다 넣고, 있어 보이려는 욕심이 앞서다 보니 내용이 장황해지는 것은 아닐까. 내가 만일 회사의 CEO라면 최대 5가지 항목 이상은 삼가할 것이다. 중요한 거라고 지각했다면 100% 활용하는 게 옳다. 그중 하나, 경영진을 포함한 전 조직원들이 선언문 내용을 모두 외우도록 하겠다. 더 나아가서 수시로 암기상태를 점검해 볼 것이다.

안전문화 정책선언은 안전에 관한 한 "우리는 이렇게 하겠소!" 하는 다짐을 대내

외적으로 알리는 것이다. 멋있게 꾸미는 것도 좋지만 가장 중요한 것은 '진정성'이 담겨있어야 한다. 그렇게 하기 위해서는 이상(理想)이 아니라 현실을 반영해야 한다. 즉, 실천할 수 있는 것을 중심으로 구성해야 한다.

참고로, 안전문화 정책선언문을 작성할 때 고려해야 할 주요 사항은 어떤 것들이 있는지 알아보자.

- 목적: 추구하는 주요 목적이 무엇인지를 명확히 이해해야 한다. "왜 우리는 안전해야 하는가?"에 대한 질문에 대한 진지한 대답이 곧 '목적'이 될 것이다.
- 관련 이해관계자: 정책의 영향을 받게 될 대상이 곧 이해관계자이다. 가장 가깝게는 직원이 될 것이고, 가족, 지역사회, 정부, 협력업체 등으로 이해관계 집단을 넓혀 갈 수 있다. 각각의 이해관계자들은 나름대로의 요구사항이 있으며, 되도록 가장 가까운 이해관계자들의 욕구가 반영될 수 있도록 해야 한다.
- 문제 인식과 분석: 조직이 대응하려는 문제를 정확히 이해하고, 이를 해결하기 위한 분석과 평가가 필요하다.
- 법적·정치적·경제적·사회적 측면: 안전에 관한 법률적, 정치적 변화를 충분히 고려해야 할 것이며, 경제적으로 실행 가능해야 함은 물론 사회적 수용 여부를 분석하는 것도 중요하다.
- 자원의 한계: 안전문화 정책을 수행하는 데 필요한 자원(인적, 물적, 재무적)이 확보되어 있거나, 확보할만한 역량이 있는지에 대해서도 엄격하게 따져봐야 한다. 뜻은 훌륭하나 실행불가능한 정책은 조직구성원들에게 좌절감을 심어주게 되어 조직에 대한 신뢰도를 떨어뜨린다.
- 실행 및 평가 방안: 안전문화 정책의 실행 및 성과를 평가하기 위한 측정 지표 및 평가 방법을 고려해야 한다.

▶ 윤리적 사항: 안전문화 정책이 윤리적으로 타당하며, 사회적 정의를 실현하는
지에 대한 고려가 필요하다.

▶ 경영진의 의지: 안전 문제를 다룸에 있어, 경영진의 의지는 가장 중요한 부분
이다.

다음 표는 본서의 필진이 컨설팅을 수행했던 기업에 제시한 안전보건 경영방침
이다.

《(주)○○○ 안전보건 경영방침_예》

우리는 최고의 품질과 안전을 추구하는 회사로써, 모든 임직원과 이해관계자의 안전을 최우선으로
생각합니다. 우리는 안전을 우리의 핵심 가치로 삼아, 안전하고 건강한 작업 환경을 제공하기 위해
다음과 같은 안전정책을 선언합니다.

무재해 작업 환경 조성: 우리는 모든 작업장에서 사고와 재해가 발생하지 않도록 무재해 작업 환경
을 조성하고 유지합니다.

안전한 작업 절차 준수: 모든 임직원은 안전 규정과 절차를 철저히 준수하며, 이를 지속적으로 개선
하고 발전시킵니다.

지속적인 교육과 훈련: 우리는 모든 임직원에게 정기적인 안전 교육과 훈련을 제공하여, 안전 의식
을 고취하고 안전 기술을 향상시킵니다.

위험요소의 사전 예방: 우리는 모든 작업 과정에서 잠재적인 위험요소를 사전에 식별하고 제거하
여, 사고를 예방합니다.

투명한 사고 보고 및 대응: 모든 사고와 위험 상황은 즉시 보고되고, 철저히 조사하여 재발 방지 대
책을 마련합니다.

협력과 소통: 우리는 모든 임직원이 안전에 대한 의견을 자유롭게 제시하고, 이를 적극 반영할 수
있는 협력과 소통의 문화를 조성합니다.

건강한 근무 환경 제공: 우리는 쾌적하고 건강한 근무 환경을 제공하여, 임직원의 건강과 복지를 증
진시킵니다.

202○ 년   월   일

㈜○○○ 대표 ○○○

② 안전 비전을 설계할 것

"경영 비전도 없는데, 한가하게 무슨 안전 비전이냐?" 라고 푸념하는 경영자나 안전관리자가 있다면 "무엇을 위해 그 자리에 있느냐?"고 반문하고 싶어진다.

"뭣이 중헌디!"

영화 '곡성'의 명대사로 사람들의 입에 오르내린 적이 있었다. 조직에서 비전은 조직원들에게 희망을 품게 하고, 동기를 부여하는 데 힘을 실어준다. 더 나아가 몸 담고 있는 조직에 애착을 갖게 하는 핵심적인 역할을 한다. 그러므로 아무리 작은 조직이라 해도 함께 일하는 사람(종업원이 아니라 파트너이다)이 1명 이상이라면 마땅히 비전을 세우는 게 정도다. 책임자가 자각하는 높이, 딱 그만큼만 조직은 성장한다.

잔소리가 너무 길었다. 다시 본류로 돌아가 생각해 보자.

비전(vision)이란, '미래상', 혹은 '전망' 등으로 정의할 수 있지만 좀 더 알기 쉽게 얘기하면 '미래 일정 시점에서의 조직의 모습' 이라는 표현이 더 실제적이다. 비전은 훌륭한 문구로 장식하는 게 아니다. 말을 번지르르하게 잘하는 것과 실생활이 튼실한 것과는 다를 수 있다.

안전 비전은 조직이 안전한 환경을 유지하고 직원들의 건강과 안전을 확보하기 위해 지향해야 할 목표와 방향을 의미한다.

안전 비전을 설정하기 위해서는 몇 가지 고려해야 할 사항들이 있다.

상황분석

먼저 조직의 현재 안전 상황을 분석해야 한다. 과거 사고 기록, 위험 요소, 교육 내용과 수준 등을 살펴봐야 한다. 이를 통해 조직의 강점과 약점 및 개선이 필요한 부분을 파악할 수 있다. 상황분석 방법에 대해서는 앞에서 정리한 것을 참고하기 바란다.

이해관계자 참여

안전 비전을 설정하기 위해서는 조직 내부의 다양한 이해관계자들이 참여해야 한다. 경영진, 직원, 안전 전문가, 관리감독자, 그리고 현장에서 작업하는 사람들의 의견을 듣고 반영해야 한다. 때로는 외부 컨설턴트를 참여시켜 그들의 의견을 참고하는 것도 좋은 방법이 될 수 있다.

최고경영자의 리더십

안전 비전을 세우는 데 가장 중요한 역할을 하는 것은 최고경영자의 관심도이다. 평상시 리더의 관심사가 경영효율(원가절감, 인력감축, 비용절감, 이익극대화 등)에만 집중된 조직에서 안전이란 발붙일 곳이 없어진다. 이런 조직의 경우 '안전 문화'란 그저 허울 좋은 추상명사에 불과하다.

그들이 안전에 대해 보여주는 모범 행동은 조직 내에서 안전 문화를 정착하는데 가장 중요한 역할을 한다.

중대재해법이 5인 이상 사업장에까지 확대 적용된 이후 현장의 반응은 매우 부정적이다. 2년 유예된 것을 한번 더 유예하라는 요구가 빗발치고 있지만 친노동계 정당이 압도적인 다수를 점하고 있는 현 상황인지라 쉽게 바뀔 것 같지는 않다. 한마디 얘기를 보태자면, "유예한다고 조직이 과연 더 안전한 현장을 만드는 데 힘을 쓸까?"라는 회의감이 들기도 한다.

이왕 던져진 공이니 지금 좀 버거워도 잘 받아넘기려는 자세를 가다듬는 게 옳은 대응 방식이 아닐까 싶다. 어쨌든 조직 최고책임자가 선택해야 할 몫일 수밖에 없다.

'버티든지, 아니면 전진 하든지'

그렇지만 주사위가 이미 던져진 마당에 "다른 업체 사장들과 얘기해 봤지만 솔직히 중대재해처벌법이 어떤 내용인지 자세히는 알지 못하니, 조심해서 작업하라고 지시하는 것 말고는 뭘 어떻게 하라는 건지 모르겠다"[24] 는 푸념을 늘어놓는 것은 메아리 없는 외침에 불과하다.

전진하기를 선택하였다면 이 책의 안내를 충실하게 따라 해 볼 일이다.

여기에 비전 서술문 사례를 몇 가지 제시하니, 조직의 안전 비전을 설계하는 데 참고하길 바란다.

- ▶ 안전한 일상 안전한 일터 안전한 공동체
- ▶ 우리는 모든 사람이 위험에 노출되지 않고 안전하게 생활할 수 있는 세상을 지향합니다.
- ▶ 지속적인 개선과 학습을 통해 안전한 환경 구축
- ▶ 안전문화 수준 일등 기업
- ▶ 모든 구성원이 안전한 환경에서 작업할 수 있는 문화 구축
- ▶ 안전한 일상 행복한 미래

아래 예시된 내용은 필진들이 안전경영문화 전략수립 컨설팅을 수행한 회사에 제시했던 결과물이다.

---

24) 2024. 2. 28 일자 중앙일보

《(주)○○○ 안전 비전_예》

안심 작업 현장 조성:
"모든 작업장에서 무재해를 달성하고, 이를 지속적으로 유지하여 내·외부 이해관계자들이 안심하고 활동할 수 있는 공간분위기를 조성합니다."

최고의 안전 문화 조직:
"모든 구성원이 안전을 최우선으로 생각하고 행동하는 문화를 조성합니다."

지속적인 안전 개선:
"우리는 지속적으로 안전성을 개선하여 최상의 안전 개선 성과를 달성합니다."

③ 핵심 가치를 세울 것

핵심 가치(core value)를 결정한다는 것은 의사결정의 기준이나 원칙을 세우는 일이다. 인간의 생활은 그 자체가 가치충돌의 연속이다.

"오늘 점심에 짜장면을 먹어야 하나, 된장찌개를 먹어야 하나?"

핵심 가치를 정하는 순간부터 "이것을 선택할까 저것을 선택할까" 하는 갈등에 직면할 일이 훨씬 줄어든다. 물론 핵심 가치가 진심이어야 한다는 전제하에서다. 핵심 가치가 명확하게 정해지기 전에는 선택의 우선순위가 명확하지 않아 상황에 따라 의사결정이 엎치락뒤치락하는 일이 수시로 발생한다.

간단한 예를 가지고 설명해 보겠다. A씨는 건강검진 결과 의사로부터 운동을 일주일에 3회 이상, 그리고 식단을 조절하지 않으면 10년 이내에 사망 확률이 50%라는 경고 메시지를 들었다. 이를 심각하게 받아들인 A씨는 자신과 가족의 행복을 지키기 위해 다른 어떤 것들보다 '건강'을 최우선 가치(핵심 가치)로 정했다.

A씨는 다음 날부터 야식하는 습관을 과감하게 버렸고, 가능하면 저녁 시간에 운

동하는 등 자기관리에 집중했다. 한 달이 채 되지 않았는데 A씨는 자신의 건강이 몰라보게 달라졌음을 느꼈다.

A씨는 그동안 늦은 저녁에 먹었던 치맥의 유혹을 수없이 넘겼으며, 퇴근 후 저녁 시간에 편히 쉬고 싶다는 욕구를 떨치는데 많은 어려움을 겪었다. "치맥을 먹을까 말까, 운동복으로 갈아입을까 말까"의 갈등 상황에서 의사결정에 영향을 끼친 것은 '건강'이라는 핵심 가치이다.

변화란, 습관의 이동(나쁜 좋은 습관→좋은 습관)이다. 이동에 나침반 혹은 동력의 역할을 하는 것이 바로 핵심 가치이다. 조직에 적용하면 그게 정도경영의 기초다. 경영이란 '수없이 제기되는 선택의 순간을 어떻게 처리할 것인가'와의 싸움이다. 앞에서 언급한 경쟁 가치 이론이 그것을 잘 설명해 주고 있다.

"사랑을 택하려니 돈이 울고, 돈을 택하려니 사랑이 운다."라는 신파극에서 다루는 내용과 흡사한 형국이다. 사랑을 택하면 평생 가난하게 살아야 하는 게 걸리고, 돈을 택하려니 사랑하는 임과 떨어져야 하는 고통이 크다. 어느 쪽을 선택할 것인가? 인생은 항상 그게 문제다. 얘기가 너무 감성적으로 흐르는 것 같은가? 독자의 이해를 돕기 위한 것이니 이해해 주길 바란다.

조직에서 안전문화가 자리 잡기 어려운 이유 중 하나가 바로 핵심 가치를 '안전'에 두고 있지 않기 때문이다. 선진기업들의 핵심 가치에 공통적으로 등장하는 게 바로 '안전, 인간존중' 등이라는 것은 결코 우연이 아니다. 우린 작은 기업이니 그런 거와는 상관없다고 말하고 싶어 할지 모르나, 시대착오에서 빨리 벗어나야 한다. 그래야 조직이 생존한다.

다음의 사례들은 선진기업들이 안전을 어떤 시각으로 보고 있는지 가늠할 수 있는 내용이라 여기 소개한다.

- ▶ **3M**: "안전을 우선으로"
  모든 일에 있어서 안전을 최우선의 가치로 생각하고 행동하겠다는 다짐이다.
- ▶ **Toyota**: "Respect for People"
  모든 직원들을 존중하고 보호하며, 그들의 안전과 웰빙을 최우선으로 여긴다는 뜻이다.
- ▶ **DuPont**: "Safety and Health"
  모든 작업과 활동에서 안전과 건강을 보장하는 것을 목표로 삼는다는 것을 의미한다.
- ▶ **Chevron**: "Operational Excellence"
  모든 작업을 효율적이고 안전하게 수행하여 우수한 운영 성과를 이루겠다는 다짐을 내포한다.
- ▶ **Shell**: "Goal Zero"
  어떤 사고도 허용하지 않겠다는 다짐으로, 제로 사고를 실현하기 위해 끊임없이 노력하고 있는 것을 의미한다.

"우리 사업장과는 거리가 먼 얘기"라고 치부하지 말고, 이제부터라도 기초부터 하나씩(step-by-step)의 자세로 나가다 보면 어느 순간부터 "아, 잘 해냈구나!"라는 감탄과 함께 자부심이 솟을 것이다. 귀사의 분투를 기대한다.

04

안전경영문화 전략 및 성과목표 설정

"for Risk Zero Workplace!"

1. 안전경영문화 전략목표(전략과제) 설정

내·외부 상황분석을 통하여 조직의 안전을 어떤 방향으로 이끌고 갈 것인가에 대해 확정하는 일은 대단히 중요한 과정이다. 이런 절차를 생략한 채 체계 없이 안전경영문화를 구축해 보겠다는 것은 모래 위에 성을 쌓는 일과 같다. 규모에 관계없이 아마도 많은 조직들이 그렇게 해 오지 않았을까 생각한다.

상황분석이 없으니 우리 조직의 강점은 무엇이고 약점이 어디에 있는지 알 길이 없다. 정책선언이든, 비전이든, 핵심 가치든 모든 과정이 형식적인 절차로만 다루어질 뿐이다.

다행히 가상의 우리 조직은 상황분석이 제대로 이루어졌고, 고민 끝에 안전경영문화 정책선언·비전설계·핵심가치 확정 등이 순조롭게 진행되어 드디어 안전경영문화 구축을 위한 전략목표를 설정하는 단계에 이르렀다.

전략(strategy)이란 이기는 방법(know-how)이요, 선택하고(selecting) 집중하는(focusing) 사고를 다루는 영역이다. 그렇다면 우리 조직의 안전경영문화를 위하여 무엇에 집중할 것인가를 생각해 보자. 처음부터 잘하지 못해도 상관없다. 서툴거나 거칠어도 그냥 해 보는 자세가 더 중요하다.

상황분석에서 SWOT 분석을 통하여 도출된 전략 대안들을 다시 정리해 보라.
- ▶ OS(전략1): 전사적 안전경영문화 전략 수립
- ▶ OW(전략2): 안전경영 시스템 관련 문서(규정 및 절차서 등)
  충실성 확보
- ▶ TS(전략3): 경영진 및 관리감독자 안전리더십 역량 강화
- ▶ TW(전략4): 안전 관련 정부 지원사업을 적극적 활용

이상의 전략 대안들 외에 사고를 예방하거나 감소하는 것이 시급하다고 판단된다면 '사고 예방 및 감소'라는 항목을 하나 추가하면 될 것이다. 도출된 전략 대안들을 한 표에 넣어 보니, 보다 분명하게 우리 조직이 안전경영문화 정착을 위해 무엇에 집중해야 하는지에 대해 감이 잡히지 않는가?

조직의 인적 물적 자원의 여건상 한꺼번에 4개의 전략목표를 달성하는 데 무리가 있을 수 있음을 고려해야 한다. 지나친 욕심은 중도 포기라는 결과를 야기할 수 있으므로 순서를 정하여 하나씩 진행해 나가는 자세가 필요하다.

전략목표의 우선순위를 정하는 것은 전략 성과를 달성하기 위해 매우 중요한 절차이다. 전략 목표(과제) 선택 시 우선순위를 평가하는 기준으로 고려하는 사항은 주로 중요도·임팩트·긴급도 등이 동원된다. 평가 결과 금년도는 하나의 전략목

표(전사적 안전경영문화 전략수립) 집중하기로 최종 결정했다.

《전략대안 및 관련 내용 정리(예)》

전략 대안	구체적인 내용
전사적 안전경영문화 전략 수립	안전의 문제를 안전관련 부서의 업무가 아닌, 조직 전체의 과제로 인식하여 경영전략 목표의 하나로 관리해야 할 것임
안전경영 시스템 관련 문서(규정 및 절차서 등) 충실성 확보	안전경영시스템(예, ISO인증 등), 안전관리 절차 및 규정 등을 조직 특성에 맞게 재정비함
경영진 및 관리감독자 안전리더십 역량 강화	경영자 및 현장 관리감독자의 안전 리더십 역량 강화 프로그램 도입함
안전 관련 정부지원 사업 적극 활용	노동부 및 안전보건공단에서 지원하는 각종 서비스 지원 사업 적극 활용함

2. 안전경영문화 성과목표 설정

그렇다면 전략목표(과제)를 어느 정도 수준까지 달성할 것인가를 정해야 한다.

앞에서 설정한 전략목표를 달성하기 위해서는 반드시 보다 구체화된 성과목표를 설정해야 한다. 전략목표가 그냥 멋있는 목표로만 존재하지 않기 위해서는 성과목표가 활동 중심으로 명확하게 설정되어야 한다.

성과목표를 설정할 때는 다음의 다섯 가지 원칙을 사용하는 것이 좋다. 이른바, SMART 법칙이다.

▶ 구체적이어야 한다_Specific

'안전관리를 강화한다'라는 추상적인 표현보다 '안전보건 관리체계를 수립한다'와 같이 명확하게 정함으로써 무엇을 해야 할지 방향을 잡을 수 있다.

▶ 측정가능 해야 한다_Measurable

무엇인가 개선하기를 원하는가? 그렇다면 원하는 바에 대해 측정가능하게 목표를 정하라. '현장 안전 점검을 한다'가 아니라, '경영자가 주 1회 현장 안전 점검을 한다'로 정함으로써 측정이 가능할 뿐만 아니라, 평가가 이루어질 수 있다. 목표는 정량적인 관점에서 설정해야 한다.

▶ 달성 가능해야 한다_Achievable

작심삼일이란 말이 있듯이, 빠른 성과를 기대한 나머지 지나치게 목표를 높게 잡으면 틀림없이 중간에 포기하게 된다. 포기하는 것도 문제지만, 의욕마저 꺾인다면 더 큰 문제다. 목표관리에서 대단히 중요한 고려사항이 있다. 작지만 성공 경험을 자주 맛보는 것이다. 성공해 본 사람만이 성공의 즐거움을 알기에, 자연스럽게 더 큰 목표에 도전하고 싶은 욕심이 생기는 법이다. 이 원리는 조직에도 똑같이 적용된다. 일이 즐거웠던 순간을 떠올려 보면, 대부분 스스로 목표를 정하고 자율적으로 움직일 때였을 것이다.

▶ 현실적이어야 한다_Realistic

이 부분은 '달성가능해야 한다'는 원칙과 같은 맥락일 수 있지만 내용을 들여다보면 전혀 다른 내용이다. 목표 수준이 현실적이 되기 위해서는 먼저 업무환경, 담당자의 능력, 상사의 지원, 예산 상태 등을 고려하여 적절한 수준에서 정해야 한다. 객관적으로 볼 때 아무리 낮은 목표(달성가능한 목표)라 해도 조직 분위기가 목표관리를 할 수 있는 상황이 아니거나, 예산 지원 등이 막혀있다면 불가능하다.

▶ 마감 시한이 있어야 한다_Time-based

목표 달성을 위한 활동 시점의 시작과 끝을 정하라는 것이다. 시작점과 종료 시점을 정하게 되면, 세부 과제별로 시간을 쪼개어 실행하게 되므로 더욱 명확하게 해야 할 일들을 정리할 수 있어 좋다.

자, 이제부터는 앞에서 정해진 4가지 전략목표(①전사적 안전경영문화 전략수립, ②안전경영 시스템구축 및 관리규정 도입, ③경영진의 안전의지 강화, ④안전 관련 정부지원사업 적극 활용)에 대한 성과목표를 수립하는 작업을 진행해 보겠다.

《안전관련 성과목표 설정》

중점 추진 과제	KPI		
	목표 수준	현재 수준	측정 도구
① 전사적 안전경영문화 전략 수립	수립	-	수립 여부
② 안전경영 시스템 관련 문서(규정 및 절차서 등) 충실성 확보	개정 완료	-	개정 여부
③ 경영진 및 관리감독자 안전리더십 역량 강화	- 경영진:주 1회 현장방문	-	관심 표명 및 현장점검
④ 안전 관련 정부지원 사업 적극 활용	2건	-	활용 건수

앞의 표는 안전경영문화 체계 구축 원년임을 가정하여 성과목표를 설정한 것이다. 2차 연도부터는 KPI(Key Performance Index, 핵심성과지표)에 목표수준과 현수준에 대한 비교 항목을 추가하면 된다. 안전경영문화 정착을 위해 가장 중요한 것이 경영진의 안전 의지임을 고려한다면, 그 부분을 우선적으로 확보하는 것에 중점을 두어 추진해야 한다.

05

실행 계획 수립 · 실행 · 성과평가

"for Risk Zero Workplace!"

실행 계획 수립

실행 계획은 성과목표를 실행가능한 수준으로 만드는 작업이다. 그러므로 훨씬 구체적이며, 손에 잡힐 듯이 작성하는 것이 원칙이다.

여기에는 주로 세부 중점과제별로 추진 내용, 일정, 담당자 및 예산 등을 중심으로 기술하는 것이 핵심이다. 흔히, "무계획은 실패를 계획하는 것이다"라는 말처럼 계획이 없으면 실행으로 연결되기 어렵거나, 생각날 때마다 손에 닿는 대로 활동하는 것으로 상황을 모면하는 식의 '긴급 대응'을 하게 된다. 그런 방식으로는 노하우가 쌓일 리가 없을 뿐만 아니라, 문화로 자리 잡는 것은 기대할 수 없다.

어쩌면 '임기응변'의 문화만 형성될지도 모른다.

이제, 앞에서 설정한 성과 목표에 대해 하나씩 실행가능한 계획으로 연결하는 방법을 모색해 보기로 하자.

《주요 추진 내용 및 실행 계획표(예)》

항목	세부 내용
중점 추진 과제	전사적 안전경영문화 전략 수립
성과 목표	수립 여부
개요	자사의 안전문화를 전사적 경영의 관점에서 수립하여 실제적·자율적·체계적인 안전관리 패러다임을 정착하는 계기가 될 것임
목적	지속적이며, 일관성 있는 안전문화를 정착하여 직원 만족도·평판·이미지를 높이는 데 목적이 있음
추진 내용	- 내부 설문 및 인터뷰 조사 - 내부 자료 조사 - 프로젝트 수행 중 임직원 교육 및 훈련 실시 - 안전관련 정책, 비전, 전략목표, 성과목표 및 실행계획을 수립함 - 필요시 외부 전문가 도움을 요청함
추진 일정	2024.6.15. ~ 2024.7.30.
소요 예산	300만 원
담당자	총무팀 과장 김영식
고려사항	

실행

알다시피, 전략과 실행 계획이 서로 다른 점은 전략은 방향을 정하는 일이요, 실행 계획은 성과목표를 달성하기 위해 구체적인 활동 프로세스를 설계하는 것이다. 그러므로 실행계획은 최대한 구체적으로 설계할수록 좋다.

실행이란 문제해결을 위한 마지막 단계이다. 계획을 수립하는 단계까지는 주로 머리를 쓰는 과정이라면 실행은 몸(hand, foot & body)을 움직여야 하는 절차이다. 어쩌면 지금까지 거쳐 온 여러 단계에서 가장 어려운 과정일 것이다.

'수립 여부'라는 성과 목표를 기한 내에 달성하기 위해 담당자가 해야 할 일은 여러 가지가 있겠지만 그중 중요한 사항은 중간보고이다. 달성 기한이 6월 15일부터 7월 30일까지, 약 45일인데 이를 3등분해서 대략 2주에 한 번씩 경영회의 혹은 별도의 시간을 마련해서 보고하면 적절할 것 같다. 회의 운영요령과 보고 양식은 다음과 같다.

- 참석자: CEO, 임원, 팀장, 관리감독자 등
- 보고 내용: 보고 양식 참조
- 세부 과제별 추진 내용 및 추진 정도
- 추진 과정에서의 애로사항 및 협조 사항

《세부 과제별 추진 내용 및 추진 정도(양식)》

세부 과제	추진 내용	차기 추진 계획	비고

안전문화 설문조사	- 임직원 55명에 대한 설문
	- 설문문항: 20개
	- 안전문화 수준
	  측정 결과 73.5점(100점 만점)
	  수준임
		설문 내용을 심층적으로 파악하기 위해 20명 대상으로 인터뷰 실시 예정	

돌발과제	노동부 현장안전 점검에 대한 준비로 인하여 프로젝트 완료 일정 연기가 불가피함		
협조사항	각 부서 부서(팀)장은 인터뷰 가능한 일정에 대해 월요일(23일) 오전까지 통보 바람		

성과평가

성과평가란 그동안 실행한 작업 결과에 대해 가치를 평가하는 작업이다. 조직의 안전경영문화를 도입하기 위해 처음으로 추진한 과제이므로 공간이 허락한다면 100인 이하의 중소기업이라면 전 직원이 참여하여 프로젝트를 수행한 결과에 대해 공유하는 것이 바람직하다.

프로젝트 추진 책임자(또는 컨설턴트)는 그동안 추진한 내용에 대해 설명한다. 앞으로 조직이 안전문화를 정착하기 위해 어떤 과제와 활동들을 수행해 갈 것이며, 어떤 협조 사항들이 필요한지에 대해 알려줌으로써 전 직원이 관심을 갖도록 유도하는 게 중요하다.

참고문헌

박재갑 외(역), 현장의 안전향상을 위한 비기술적 역량 가이드, 세진사, 2019.

강부길 외, 안전은 사람이다, 보민출판사, 2019.

고마츠바라 아키노리, 인적오류, 세진사, 2016.

고용노동부 외, 중·소규모 사업장을 위한 쉽고 간편한 위험성평가 방법 안내서(안), 2023.

고용노동부, 안전보건 관리체계, 2021.

김동원, 도시철도 운전직무의 인적오류 감축방안(박사학위논문), 한국과학기술대학교, 2019.

나카타 도오루, 휴먼에러를 줄이는 지혜, 인재NO, 2015.

류경희 외, 2023 새로운 위험성평가 안내서, 고용노동부 외, 2023.

문광수 외, 안전이 묻고 심리학이 답하다, 좋은땅, 2022.

박종선 외, 근로자와 사업주 안전의식 수준 실태조사 및 조사체계 개발, 안전보건공단, 2013.

박진홍 외, 기업의 안전문화 수준변화와 재해율과의 상관관계: P사 사례연구, J.Korea Saf. Manag. Sci. Vol.24 No4, 2022.

백성대, 산업안전보건관리 수첩, 노문사, 2022.

안종주, 산업안전보건에 관한 규칙, 고용노동부 외, 2022.

윤석준 외, 기업의 안전문화 평가 및 개선사례 연구, 안전보건공단, 2016.

이동근, 팀장의 성과관리, 북갤러리, 2014.

이선희 외, 기업의 안전문화 수준에 관한 심층분석 연구, 안전보건공단, 2017.

이선희 외, 안전문화 길라잡이 1, 안전보건공단, 2021.

이선희 외, 안전문화 길라잡이 2, 안전보건공단, 2021.

이선희 외, 중대재해 예방을 위한 사업장의 안전풍토 진단 및 지원 연구, 안전보건공단, 2021.

이선희 외, 화학산업 안전풍토(Safety Climate) 조성방안 마련, 안전보건공단, 2020.

이양수, 안전경영_1%의 실수는100의 실패다, 이다미디어, 2015.

이용희, 4차 산업혁명에 따른 인적오류 연구의 방향과 과제, 대한인간공학회, 2019.

이용희, 고신뢰도 시대를 위한 인적오류 3.0 개념과 적용, 대한인간공학회, 2015.

이정식 외, 중대재해 사고백서_2023 아직 위험은 끝나지 않았다, 고용노동부외, 2022.

이충호, 친밀한 위험들, 이담 Books, 2020.

이형복, 안전문화운동 확산 및 안전의식 제고 방안, 대전발전연구원, 2015.

전우명 외, 시설관리 기업의 안전문화가 안전행동과 경영성과에 미치는 영향에 대한 연구, 경영컨설팅연구 제18권 제2호, 2018.

정완순 외, 안전문화와 효율적인 안전경영체계에 관한 연구, 한국산업안전공단, 2004.

정일봉, SHEL 모형 기반 철도사고 유형별 요인분석을 통한 사고위험 저감방안(박사학위 논문), 서울과학기술대학교, 2019.

정진우, 안전문화_이론과 실천, 교문사, 2023.

정진우, 안전심리, 교문사, 2022.

정진우, 위험성평가 해설, ㈜중앙경제, 2017.

조재형, 위험사회, 에이지21, 2017.

조필래 외, 작업 위험성 평가에 관한 기술지침, 한국산업안전보건공단, 2020.

줄리엣 카이엠, 악마는 잠들지 않는다, 민음사, 2023.

최강석, 바이러스 쇼크, 매일경제신문사, 2020.

최정열 외, Human Error의 유발요인에 관한 연구, 항공우주의학협회, 2002.

홍인기 외, 안전문화 평가방안 연구, Journal of the Korean Society of Safety, Vol. 31, No1, 2016.

제4장

안전보건관리체계 이해

01

안전보건관리체계란 무엇인가?

"for Risk Zero Workplace!"

안전보건관리체계는 사업장 스스로 산업재해를 예방하고 쾌적한 작업환경을 조성함으로써 근로자의 안전과 건강을 지속적으로 유지하고 증진하기 위한 조직 활동으로써 안전한 일터를 위한 경영책임자의 핵심 이행사항[25]이다. 오늘날 중대 재해처벌법 제정으로 안전보건관리체계의 중요성은 한층 더 높아지고 있다.

안전보건관리체계를 갖춘 기업은 스스로 위험요인을 식별하여 해당 요인을 제거하거나, 대체 혹은 적절한 통제 대책을 마련하는 역량이 생길 것으로 기대한다.

또한 필요한 활동들을 통하여 근로자의 안전과 건강을 보호하게 된다. 이는 사람의 노력과 의지만으로는 산업재해를 예방할 수 없고 '사람은 실수하고 기계는 고장 난다'는 사실을 인정하는 데서 출발하는 경영시스템의 하나이다.

2024년 1월 27일부터 5인 이상 50인 미만 사업장도 중대재해처벌법 적용 대상

---

25) 중대재해처벌법 제4조(사업주와 경영책임자등의 안전 및 확보의무)

에 포함됨에 따라 고용노동부 및 안전보건공단은 중소 사업장(5~50인 미만)에서 안전보건관리체계를 구축·이행에 도움을 주기 위해 컨설팅 서비스를 제공하고 있다.

'처벌과 감독 중심'에서 '자기규율 예방체계' 방식으로 전환하고자 하는 몸부림이다. 그만큼 이 시점에서 우리나라 안전의 과제가 중대하고 긴급하다는 반증이 아니겠는가?

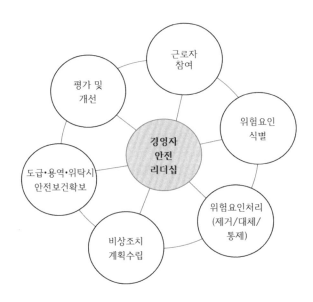

안전보건관리체계는 하나의 경영시스템으로써 크게 7가지 요소로 구성되어 있다.

▶ 경영자 리더십

▶ 근로자 참여

▶ 위험요인 파악

▶ 위험요인 제거·대체 및 통제

▶ 비상조치 계획수립

▶ 도급/용역 위탁시 안전보건 확보

▶ 평가 및 개선

다음 표는 안전보건관리체계 7가지 요소에 해당하는 내용들을 축약하여 정리한 것이다.

앞의 그림은 두 가지 차원에서 특별한 의미를 지닌다.

첫째, 안전보건관리체계의 모든 요소는 경영자의 안전리더십을 중심으로 작동한다는 것이다. 경영자의 안전리더십은 관리체계의 모든 요소에 긍정, 혹은 부정적인 영향을 미친다. 안전관련 예산이든 조직이든 경영자의 의지가 없이는 집행이 불가능하지 않은가?

둘째, 안전보건관리체계의 모든 요소는 상호의존적으로 작동한다. 각각의 요소들은 내용은 다르지만 '안전'이라는 전체의 틀 안에서 움직일 수밖에 없을 것이다. 예를 들어, 근로자 참여가 없이는 위험요인 식별과 처리 등의 활동은 아무 의미가 없어진다. 즉, 하나의 요소는 나머지 요소에 영향을 미치게 되는 것이다.

이제 안전 문제는 경영의 주요 요소로 다루지 않으면 안 되는 절체절명의 주제가 되고 있다. 극복하지 못하면 조직의 연속성이 위태롭다. 따라서 안전은 비용이 아니라 투자의 개념으로 다루는 사고전환이 필요하다. 산업재해는 조직에 심각한 사업 차질을 야기하며, 품질·생산성·고객만족·근로의욕·대외적 평판 등에 부정적 영향을 미친다. 특히, 중대재해는 사업중단의 결과를 초래할 만큼 엄중한 사건으로 다루어지고 있음을 명심해야 할 것이다.

《안전보건관리체계 구성요소 및 내용》

핵심 요소	실행전략	중대처벌법 관련 조항
경영자 리더십	· 경영책임자의 안전의지를 밝히고 안전보건 목표를 정함 · 안전보건에 필요한 자원(인력,시설,장비 등)배정 · 구성원의 권한과 책임을 정하고 참여 독려	법 제4조 영 제4조 1호
근로자 참여	· 안전보건 전반에 관한 정보 공개 · 모든 구성원이 참여할 수 있는 절차 마련 · 자유롭게 의견을 제시할 수 있는 문화 조성	법 제4조, 영 제4조 7호
위험요인 파악	· 위험요인에 대한 정보 수집 · 산업재해 및 아차사고 조사 · 위험기계, 기구, 설비 등 파악 · 유해인자 파악 · 위험장소 및 위험작업 파악	법 제4조, 영 제4조 3호
위험요인 제거 대체 및 통제	· 위험요인별 위험성평가 · 위험요인별 제거, 통제 및 통제 방안 검토 · 종합적 대책 수립/이행 · 교육훈련 실시	법 제4조, 영 제4조 3호
비상조치 계획 수립	· 위험요인을 바탕으로 시나리오 작성 · '재해 발생 시나리오'별 조치계획 수립 · 조치계획에 따라 주기적 훈련 실시	법 제4조, 영 제4조 8호
도급/용역 위탁시 안전보건 확보	· 산업재해 예방 능력을 갖춘 수급인 선정 · 안전보건관리체계 구축 및 운영 관련 사업장내 모든 구성원이 참여하고 보호받을 수 있도록 함	법 제5조, 영 제4조 9호
평가 및 개선	· 안전보건 목표 설정 및 평가 · 안전보건관리체계가 제대로 운영되는지 확인 · 발굴된 문제점 주기적 검토/개선	영 제4조

안전보건관리체계를 구축하기 위해서는 아래의 7가지 핵심요소에 대해, 고용노동부에서 발간한 『안전보건관리체계 가이드북』을 참고하여 작성하도록 권장하고 있다. 각 요소별 핵심 목표를 정리하면 다음과 같다. 구체적인 전개방법에 대해서

는 요소별로 나누어 설명할 것이다.

▶ 경영자는 안전보건경영에 대한 확고한 리더십을 갖는다.

▶ 모든 근로자가 안전보건에 대한 의견을 자유롭게 제시할 수 있는 문화를 만든다.

▶ 작업환경 내에 산재되어 있는 위험요인을 식별한다.

▶ 식별한 위험요인을 제거·대체·통제할 수 있는 방안을 마련한다.

▶ 긴급 조치를 요하는 위험에 대응할 수 있는 비상조치계획을 수립한다.

▶ 사업장 내의 협력업체를 포함한 모든 근로자의 안전을 확보한다.

▶ 안전보건관리체계가 제대로 운영되는지 점검하고 발굴된 문제점을 주기적으로 검토하고 개선한다.

본서를 통해서 독자들에게 한 가지 꼭 알려드리고 싶은 게 있다. 안전보건관리체계를 구축하면 "우리 회사 안전문제는 만사 오케이!"라는 환상에서 빨리 벗어나야 한다. 안전보건관리체계는 '최소한'에 불과하지, 결코 만능열쇠일 수 없다는 것이다. '활동'이 없는 시스템은 박제된 제도에 불과하다. 이미 앞에서 언급했듯이 안전문화란 지속적인 활동의 결과물이지, 문서화되어 보관된 시스템이 아니란 걸 알아야 한다.

02

경영자 안전 리더십

"for Risk Zero Workplace!"

안전보건 문제는 사업을 성공적으로 이끄는 데 있어 매우 중요한 요소다.[26] 사업주는 강력하고 확고한 리더십을 통해 조직 내에 양호한 안전보건 상태를 유지되도록 항상 노력해야 한다. 이미 언급했듯이 안전한 일터를 위한 경영책임자의 리더십은 가장 중요하다. 안전문화 정착에 가장 중요한 변수는 '경영진의 안전의지'라는 연구 결과만 봐도 경영자 리더십은 조직의 안전에 절대적 지위를 갖는다. 안전보건관리체계를 수립함에 있어 요구되는 경영자의 안전리더십에는 크게 3가지 내용을 포함하고 있다.

안전보건에 대한 의지와 목표

경영책임자는 종사자들이 안전하고 건강하게 일할 수 있는 일터를 만들겠다는 확고한 신념을 가지고 조직, 인력, 예산, 도급 등을 관리한다면 안전보건은 직원들에게 하나의 공통된 직무가 된다. 무슨 얘기냐면, 안전은 안전 관련 부서만의 업무

---

26) KOSHA GUIDE C-107-2013 안전보건 리더십에 관한 지침

가 아닌, 전 직원 공통업무가 되어야 한다는 뜻이다.

진심으로 회사에 안전경영문화를 구축하기를 원하는 경영자라면 가장 먼저 안전보건에 대한 의지를 표명하는 일부터 시작해야 할 것이다. 그 구체적인 활동이 바로 안전 방침·목표 등과 같은 것이다.[27] 이런 것들이 명시적으로 정해진다는 것은 우리 회사의 안전 관리 방향이 정해졌다는 뜻이다. 가장 기본적으로 이런 게 있어야 직원들이 그 진정성을 신뢰하고 따를 것이기 때문이다.

〈안전보건 방침 예_제조업〉
· 안전 최우선: "우리는 모든 작업에서 안전을 최우선으로 하여, 근로자들의 생명과 건강을 보호합니다."
· 지속적인 위험관리: "우리는 지속적인 위험관리를 통해 사고와 질병을 예방하고, 안전한 작업환경을 유지합니다."
· 책임 있는 보호: "모든 구성원은 안전과 건강에 대한 책임을 지며, 위험으로부터 스스로와 동료들을 보호합니다."

〈안전보건 목표 설정의 예〉
■ 분기별로 작업 절차 준수 여부를 점검하고, 미준수 시 원인 분석 및 개선 조치를 취한다.
■ 월 1회 이상 작업장 내 위험 요소를 식별하고, 이를 제거하거나 최소화하기 위한 개선 계획을 수립한다.

중요한 사항이 있다.

---

27) 중대재해처벌법 시행령 제4조제1항 참조

안전목표는 반드시 결과 중심(outcome-oriented)이 아니라, 과정 중심(process-oriented) 또는 활동 중심(action-oriented)[28]으로 설계할 것을 권장했음을 기억할 것이다. 즉, '사고 제로(0)'라는 성과목표보다 '안전제안 건수'와 같은 목표가 안전 동기를 환기하는 데 도움이 된다.

안전방침이나 목표를 정할 때 유념해야 할 사항이 있다. 문구 하나하나에 진정성을 담아야 한다는 거다. 법에 그렇게 정해지니까, 사고 발생 시 적용되는 법적 규제를 탈피할 목적으로 설계하지 말 것을 간곡히 당부 드린다. 그 부분도 중요한 사항이긴 하다. 그렇지만 오로지 법적 요구사항에 대응할 용도만을 위한 것이라면 세상을 너무 누추하게 사는 게 아닌가.

우선순위를 바꿔 생각할 수는 없는 건가? "이 방침이 진정 우리 직원들의 생명과 안전을 위한 것이라면 좋겠다."라는 심정으로 문구 하나하나에 혼을 담아 보기 바란다.

서울대학교 박선현 교수의 메시지를 통해 우리의 현실을 반추해 보자.

최고경영자는 기업의 성과와 지속 성장에 최종적인 책임을 지는 사람으로서 사업장의 안전·보건은 이러한 기업 목표를 성취하기 위한 최소한의 조건이다. 산업재해의 구조적 원인은 기업 현장에서 관찰되는 몇 가지 '분리' 유형으로 분류할 수 있다.

첫째, 서류상의 규정과 현장 작업 현실과의 분리이다.

샌드위치 라인의 소스 혼합기는 근로자의 끼임, 말림을 방지하기 위해 방호덮개를 설치하고 작업 중에는 이를 닫는 것이 원칙임에도 "10여 년 회사 다니면서 한

---

28) 예방활동 중심이라고도 한다.

번도 뚜껑이 닫혀 있는 것을 본 적이 없다"는 현장 근무자의 말은 혼합기 덮개에 대한 산업안전보건법의 명확한 규정이 서류상의 규정으로만 존재하는 현실을 보여준다.[29]

이는 산업안전 규정이 타 사업장에서 일어난 과거 사고 경험에 기반하여 제정되었으며 나의 안전을 돕기 위한 최소한의 장치라고 인식되기보다는, 규제감독자가 방문할 때 보여주기만 하면 되는 규정으로 여겨지기 때문이다. 눈 가리고 아웅 하는 식의 종이쪽에 불과한 안전 규정이 어찌 현장에서 올바로 실현될 것이라고 기대하겠는가.

둘째, 안전 의사결정과 경영 의사결정의 분리이다.

B기업에서 혼합기가 한 번도 뚜껑이 닫혀 있지 않았던 주요 이유는 코로나 이후 증가한 시장수요를 빨리 충족하려는 '생산량만이 절대우위라는 문화'에 있었다. 생산량 증가에 따른 작업장 안전 확보가 경영 의사결정에 반영되지 못했기 때문이다.

셋째, 작업장 관리자와 최고경영자 간 책임의 분리이다.

중대재해 발생 이후 법적인 책임 소재를 다투는 과정을 보면, 대다수 사고 기업에서 산업안전과 관련한 책임 소재가 애초 불분명했던 것을 볼 수 있다.

---

29) 2022년 10월 14일 B기업의 L씨는 식품 제조공장 소스 혼합기에 끼임 사고로 사망함.

필요자원 배분 및 안전 조직

식품업체 B기업의 혼합기 끼임 사망사고에서 경영책임자들은 사고에 대한 자신의 책임을 부인했다. 누구의 책임인지가 불분명하면 누구도 책임지지 않는 결과로 이어지기 마련이다. 최고경영자와 같은 경영책임자는 현장의 관리책임자에게 안전·보건에 관한 사항을 위임하여 자신은 책임을 면한다고 생각할 수 있으나, 필요한 예산을 배정하며 안전보건관리책임자를 평가·감독하는 것은 엄연한 경영책임자의 역할이므로 중대재해처벌법은 대표이사와 같은 경영책임자들을 중대재해에 대한 피의자로 지목하고 있다.

사업장 안전보건이 유지관리를 위해서는 인력, 시설 및 장비 등 자원이 필요하다. 조직은 필요 인력을 충분히 확보하고, 구성원의 권한과 책임을 정하는 게 원칙이다. 제대로 된 회사라면 당연히 그래야만 한다. 그리고 담당 인력으로 하여금 안전보건활동에 참여할 수 있는 시간을 보장하는 게 원칙이다.[30] 인센티브는 회사 형편에 따라 제공할 수도 있고 아닐 수도 있다.

모범사례가 있어 소개한다.

Y케미칼(주) 대표이사는 법적 안전전담조직 구성의 의무가 없으나 안전업무 전담조직인 '안전관리본부'를 신설하여 시설개선에 적극적인 예산을 투자하여 산업재해 예방을 위해 노력한다. 전담 조직인 안전관리본부를 통해 독립적인 예산 집행과 대표이사 직속으로 운영하면서 안전사고 발생시 빠른 의사결정 및 대응이 가능해졌다. 안전분야에 투자한 예산으로 최근 3년간 약 30억 원으로 최근 3년간 사업장 재해율을 ZERO화를 유지하고 있다.

---

30) 중대재해처벌법 제4조1항 참조

HGM(주) 부평공장에서는 경영책임자가 사내 조직의 리더가 참여하는 안전점검위원회에 직접 참여하여 안전문화 정착 및 안전보건과 관련된 이슈사항에 대해 신속하게 의사결정을 한다. 안전점검위원회는 매월 1회개 최하며 연간 안전보건 정책과 안전사업계획, 순찰 미조치사항에 대한 지원과 검토된 논의사항에 대해 직원들에게 전파하고 안전보건 활동 우수직원에게 직접 포상을 한다. 그 결과 연평균 6,99여 건의 안전제안/위험요소들이 발굴되어 개선 실적을 보였다.

03

근로자 참여

"for Risk Zero Workplace!"

성공적인 안전보건관리체계 구축 및 이행을 위해서는 현장을 잘 알고 있는 근로자 참여가 필수적이다. 현장을 잘 안다는 뜻은 그들이 산전수전을 겪으며 땀을 쏟는 작업 장소, 설비 및 장비, 공정, 물질 등에 잠재된 위험요인을 가장 잘 식별할 수 있다는 의미이다. 문제는 그들의 의견을 수시로 듣고, 자연스럽게 그들의 생각들을 쏟아낼 수 있는 체계와 풍토를 어떻게 만들 것인가 하는 부분이다.

정보의 공개

현장 근로자들은 평소 제반 경영 상황에 대한 정보의 변방에 있는 사람들이다. 중간관리자의 역할이 시원치 않거나, 정보 접근을 위한 공식적인 통로가 없을 때 그들은 막막함에 빠진다. 그런 풍토의 조직에서 나타나는 현상 중 하나는 "카더라" 통신이다. 결코 바람직한 현상이라고 할 수 없다.

더구나 안전보건 관련 정보는 그들에게 우선순위가 높지 않은 경우가 많다. 왜 그럴까?

안전 관련 법규, 규정, 규칙, 절차 등은 일반적으로 행동을 통제하거나, 제한하는 내용이 많기 때문이다. 그럼에도 불구하고 그들에게 어떤 형태로든 안전 관련 정보나 지식에 대해 쉽게 접근할 수 있는 통로가 열려 있어야 한다. 안전과 관련하여 그들이 알아야 하는 정보에는 어떤 것들이 있는지 정리해 보았다.

- 회사의 안전 방침, 목표
- 기계, 설비, 공정, 물질 등에 대한 관리 상태
- 경영진의 안전에 대한 강조 사항
- 안전 관련 조직 및 보고체계
- 신규 설비 및 장비 도입 현황
- 협력업체 안전관리 상황
- 아차 사고 사례
- 안전관련 교육 및 훈련 계획
- 안전 관련 교육 훈련 현황 및 만족도 수준
- TBM(Tool Box Meeting) 및 안전 제안제도 등 운영 상황
- 회사의 안전경영문화 수준 측정 결과 자료
- 분야별 안전 관련 지식과 기술 수준(인적자원의 역량)
- 과거 발생한 사건·사고 유형별(추락, 끼임, 중독, 부딪힘, 폭발, 파열, 빠짐, 아차 사고 등) 사례
- 안전보건관리체계, 위험성 평가 등 운영상황
- 부문별 작업 절차, 규정, 매뉴얼 등
- 산업안전보건체계 관련 참여 절차
- 위험한 기계, 기구, 장비 등에 대한 정보

구체적으로 정리하기 전에는 몇 가지나 될까 싶었는데, 실제로 나열해 보니 생각보다 많다. 회사 규모에 따라 더 많을 수도 있고, 적을 수도 있겠다. 개개인의 관심도에 따라 정보의 내용도 차이가 있을 것이며, 모든 근로자가 반드시 알아야 할 것들도 있고 알아 두면 좋은 것들도 있을 것이다. 어쨌든 공개하여 모든 직원이 공유할 것을 권장한다. 물론 대외비 성격의 정보도 있을 것으로 짐작한다. 그런 부분은 예외적으로 공개하면 된다.

안전 관련 정보는 주로 회사 홈페이지, 관리감독자 및 관리자, 교육훈련, 게시판 등을 통하여 공유될 수 있도록 한다.

근로자 참여와 소통

회사는 모든 구성원이 안전관련 활동에 참여할 수 있는 절차를 마련해야 한다.

근로자 입장에서 회사의 어떤 활동에 참여한다는 것은 결코 유쾌한 일이 아니다. "할 일도 바쁜데 귀찮게 오라 가라 한다."는 푸념이 있을 수 있음을 잘 안다. 그렇지만 더 중요한 것은 참여 후의 결과에 대한 실효성이다. 그냥 형식적인 절차로 그들을 참여하도록 하는 것은 좋지 않은 선례를 남기고, 참여에 대한 부정적 인식만 쌓는 결과를 낳을 뿐이다. 그러므로 참여활동에 대해 사전 계획을 잘 수립하도록 한다.

근로자 참여를 위한 절차를 운영함에 있어서 가장 일반적으로 알려져 있는 활동 몇 가지 소개하면 다음과 같다.

첫째, 일일 작업 전 안전미팅(TBM)[31]을 통하여 핵심적인 위험사항 및 안전보건에 관한 사항을 공유하는 방법이다. TBM은 작업 반장 혹은 관리감독자가 담당해

---

31) TBM에서는 별도의 장에서 다룰 것이다.

야 하는 직무 중 하나이다. 매일 진행한다는 이유로 자칫 매너리즘에 빠질 수 있는 개연성이 있어, 책임자는 TBM 운영에 대한 다양한 방법을 개발해 둘 필요가 있다.

둘째, 근로자 대표 등이 참여하는 산업안전보건위원회를 구성하고, 운영하여 사업장 내에서의 유해 위험요인을 공유하고, 의견을 청취할 수 있다. 산업안전보건위원회는 사업장 내에서 산업재해를 예방하고 근로자의 안전과 건강을 보호하기 위해 설치된 기구이다. 사업장 내 위험요인 관리를 통한 예방활동은 물론, 안전보건 관련 규정 및 지침 제정, 근로자 건강 관리, 안전보건 교육 및 훈련 등을 담당하기도 한다.

셋째는 도급인 수급인간 산업안전보건 협의체 및 건설공사 노사협의체를 운영하여 작업시작 시간, 작업방법, 위험성 평가에 관한 사항 등을 공유한다.

넷째는 안전보건에 관한 문제점, 개선방안에 대한 신고 또는 제안제도를 적극적으로 운영하는 것이다. 안전제안제도는 포상제 또는 인센티브 제도를 통하여 근로자들의 안전동기를 환기하는 데 긍정적인 역할을 한다.

마지막으로 개선방안 이행 여부에 대한 반기 1회 이상 여부 점검을 통해 보완할 사항은 적극적으로 조치하는 것이다. 이 밖에도 사내 온라인 시스템이나 건의함을 마련하고 활용이 가능하고 단위 사업장/팀단위 주기적인 회의나 간담회를 통해 의견수렴도 가능하다.

근로자 참여를 통해 안전사업장을 운영하는 사례를 몇 가지 소개한다.

· 레미콘제조업 AA기업

근로자의 참여를 높이기 위해 위험성평가 시 근로자의 참여에서 접근이 쉬운 메신저를 활용하거나 안전제안함 운영, 주기적 캠페인/이벤트 행사 등을 실시하고 있으며 사내 그룹웨어 게시판 및 사업장 자체 사회관계망(SNS) 단체 대화방을 통해 근로자에게 실시간으로 전파하고 있다.

· 건조선박 비계 설치/해체 기업인 BB기업

근로자의 참여 및 의견청취를 위해 근로자가 쉽게 제안할 수 있는 휴게실 및 탈의실에 설치하여 수시로 의견을 수렴하고 있고 수렴된 내용은 실시간으로 전 직원에게 전파되고 있다. 그리고 외국인 근로자(19개국 64명)의 의견수렴 및 참여를 위해 도시락 데이를 운영하여 외국인 근로자들의 의견도 다양하고 청취하고 있다.

· 화학제품 제조업 CC기업

연 6회 안전의 날을 통해 '안전분임조' 활동에 따른 조별 위험성평가, 근로자가 직접 안전강사가 되는 '이달의 안전강사'를 통해 위험요인을 공유하며, 업무제안제도, 안전포인트제도, 안전구호제안 등 근로자가 안전보건활동에 다양하게 참여할 수 있는 채널을 확대하고 있다.

04

위험요인 파악

"for Risk Zero Workplace!"

2022년 4월 전국각지에서 한 달 동안 근로자 3명이 지붕공사 현장에서 추락으로 사망했다. 지붕공사 현장에서는 대체로 지붕을 교체하거나 건물철거를 위해 지붕재를 제거한다. 그리고 지붕 위에 태양광 발전설비를 설치하기 위해 작업이 진행된다. 이 과정에서 낡은 지붕이나 채광창(Skylight)은 사람의 하중을 견디기 어려운 경우가 많아, 자칫 작업자가 밟게 되면 찰나의 순간에 추락하는 사고로 이어진다.

지붕 위에 어떤 위험들이 잠재되어 있는지 파악한 후 작업에 착수했다면 안전하게 걸어 다닐 수 있는 환경을 만들 수 있었을 것이다. 즉, 채광창 안전덮개로 알루미늄 형태 또는 이와 동등한 기계적 성질을 가진 강력한 소재를 사용할 수 있으며, 안전모 착용과 안전대 등 개인 보호구를 반드시 착용하도록 해야 한다. 설사 추락사고가 발생하는 경우 피해를 최소화할 수 있도록 에어조끼를 착용, 추락방지망을 설치하는 등 안전장치를 마련해야 한다.

한 치 앞을 내다보기 어려운 것이 위험이라고 하지만, 최대한 발생가능성을 줄이거나 발생하더라도 피해를 최소화할 수는 있다. 이는 위험요인을 사전에 식별하고 관리하고자 하는 예방 노력이 있을 때만 비로소 가능한 얘기다.

"산업재해예방은 근로자 자신이 일하고 있는 작업장에 무엇이 위험한지 위험요인 파악에서부터 시작한다. 위험요인과 위험의 정도를 제대로 알고 있기만 해도 경각심을 가지고 작업할 수 있다."

위험요인은 어떻게 파악해야 하는 걸까?

가장 일반적인 방법은 현장점검과 관찰을 통해 찾는 것이다. 우문현답(愚問賢答), "우리가 안고 있는 문제에 대한 답은 바로 현장에 있다." 현장에 대한 점검과 관찰을 통해 위험 사항에 대해 상호 소통하는 것이 먼저다.

유해·위험요인을 파악할 수 있는 방법은 다음의 여러 가지가 있다.

· 사업장 순회 점검에 의한 방법(필수)
· 근로자들의 상시적 제안에 의한 방법
· 설문조사, 인터뷰 등 청취조사에 의한 방법
· 안전보건 자료에 의한 방법
· 안전보건 체크리스트에 의한 방법

각각의 방법에 대해 자세히 살펴보기로 하자.

첫째, 사업장 순회점검에 의한 방법으로써 사업주, 경영책임자와 그 사업장의 공정을 수행하고 있는 근로자가 참여한 가운데 기계, 장비, 설비, 공정, 물질, 동선

등의 유해, 위험요인을 파악하는 방법이다.

둘째, 근로자들의 상시적인 제안에 의한 방법으로 해당 현장에서 무엇이 위험한지 해당 근로자가 가장 잘 알고 있으므로 수시로 자유롭게 제안을 할 수 있도록 창구를 마련하여 운영하는 것이다. 제안의 운영방법은 사내 그룹웨어나 홈페이지, 이메일, 게시판, SNS, QR코드 등 다양한 방법이 있을 수 있다.

협력업체, 파견업체, 공급·판매업체뿐만 아니라 자사를 방문하는 고객까지도 위험요인을 제안할 수 있는 주체들이다.

셋째는 설문조사·인터뷰 등 청취조사에 의한 방법으로써 사업장에서 무엇이 위험한지 설문조사하는 방법으로 사업자이 형태에 걸맞게 설문지를 설계하여 조사를 실시한다. 설문조사의 방법이 한계를 보완하기 위한 수단으로써 인터뷰 방식도 활용할 수 있다.

넷째는 사내외 안전보건 자료에 의한 방법으로, 유해·위험요인을 파악하기 전에 각종 안전보건 자료를 조사, 수집하여 유해 위험요인을 찾아내는 방법이다. 아차 사고나 잠재위험, 타사업장 재해사례 등이 활용된다.

다섯째는 안전보건 체크리스트에 의한 방법인데, 산업현장에서 전사적으로 손쉽게 사용할 수 있다. 특히, 소규모 사업장의 현장 근로자들이 쉽게 이해하고 바로 적용할 수 있고 서류작업이 적은 장점이 있다. 안전보건공단 연구보고서(2022년, 산업현장 全조직부문의 위험성평가 참여방안 및 역할 검토)에 따르면 소규모 사업장의 현장 상황에 가장 잘 부합하는 방법은 체크리스트 방식이라고 언급하고 있다.

위험요인을 파악하기 위해 반드시 준비해야 할 자료들이 있음을 잊어서는 안 될 것이다. 현장을 지나치다가 우연히 위험요인을 발견할 수도 있겠지만 정상적인 방법이라고 하기는 어렵다. 준비 자료 목록은 다음과 같다.

- 사고조사 보고서 등 과거의 재해 보고서
- 기계/장비 등 보유 현황 및 관련 설명 자료
- 공정별 작업 절차도
- 화학물질 제조업체가 제공하는 MSDS(물질안전보건자료, Materia Safety Data Sheet)
- 안전모, 마스크 등 안전장비 보유 현황
- 외부 전문가 지도·점검 결과 보고 자료
- 작업환경 측정 결과 자료
- 근로자 교육 훈련 자료

특별히 주목해야 할 사항이 있는데, 아차 사고 사례이다. 아차 사고란, 작업자의 신체 상해 및 생명 등에 부정적 영향을 미칠 수 있으나 아직은 산업재해로는 이어지지 않은 사고를 의미한다. 경미하다고 무시하여 개선에 소홀하게 되면 후일 큰 사고로 이어질 가능성이 매우 높아지니 주의해야 할 것이다.

이탈리아의 대형 크루즈 선박 코스타 콘코르디아 호는 2012년 1월 13일 해안에 충돌하여 침몰하는 사고를 겪었다. 사고 전에도 선박 운항 중 몇 차례의 작은 실수들이 있었다. 선박이 정해진 항로에서 벗어나거나, 선장이 과도한 속도로 운항하는 등 아차 사고가 반복되었으나, 이에 대한 개선 조치가 이루어지지 않았다.
결국 선박이 이탈리아 질리오 섬 근처에서 암초에 충돌하여 침몰하면서 32명의 사망자를 포함한 대형 사고로 이어졌다.

건설 및 제조현장은 각종 기계, 기구, 설비 등이 총집결된 곳으로써 사고 위험을 항상 품고 있는 곳이다. 도구들 그 자체가 위험요인이기도 하지만, 사람들과의 접점관리 실패(충돌, 끼임, 추락…)로부터 비롯되는 위험요인도 매우 많다. 단 한 순간도 소홀히 다룰 수 없는 위험요인들이다.

　모든 기계, 설비, 기계, 장치 등에 대한 위험요인을 파악하여 아차 사고가 발생한 사례가 있는 것들은 반드시 구분하여 다루어야 할 것이다.

05

위험요인 제거 · 대체 및 통제

"for Risk Zero Workplace!"

위험요인 측정 및 평가

모든 위험요인을 똑같은 비중으로 다루어야 할까? 그럴 수도 없고, 그렇게 해서도 안 된다. 각각의 위험요인마다 예상되는 영향도가 다르고, 발생가능성이 다르기 때문이다. 위험요인을 측정하고 평가하는 가장 큰 이유는 처리의 우선순위를 정하여 관리하기 위함이다. 이게 바로 전략적 사고에 의한 위험관리 방식이다.

만일에 위험요인을 파악한 후 측정과 평가 과정이 없다고 한다면 위험요인 목록을 보고 위에서부터 하나씩 처리하면 될 것이다. 그런데 목록 말단에 있는 위험요인 때문에 중대재해 사고가 발생한다면 어떻게 하겠는가?

다음 그림은 위험성평가 절차를 나타낸 것으로써 유해 · 위험요인 파악 후 거쳐야 하는 단계가 위험성 결정(측정 및 평가)임을 알 수 있을 것이다.

위험성평가 방법으로는 위험성 수준 3단계 판단법, 체크리스트법, 핵심요인 기

술법 및 빈도·강도법 등을 활용할 수 있다.[32]

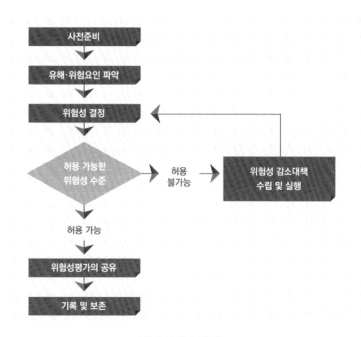

〈위험성평가 절차〉

출처 : 고용노동부 외, 중·소규모 사업장을 위한 쉽고 간편한 위험성평가방법 안내서(안), 2023

위험요인 처리전략

위험요인을 효과적으로 관리하기 위해서는 제거, 대체, 통제 등의 전략을 활용할 수 있다. 각각의 방법은 다양한 산업과 상황에서 적용되며, 이들은 근로자들의 안전과 건강을 보호하는 데 중요한 역할을 한다.

사례를 통하여 이해의 폭을 넓혀볼 것이다.

---

32) 자세한 내용은 『2023 새로운 위험성평가 안내서』, 고용노동부 & 안전보건공단, 2023.5.를 참조할 것.

아래 그림은 위험요인 처리전략을 효과의 정도에 따라 정리한 것이다.

〈위험요인 처리전략〉

출처 : NIOSH

■ 위험요인 제거

위험요인 제거는 가장 효과적인 위험 관리 방법으로, 근로자가 직면하는 위험 자체를 물리적으로 제거하는 것을 의미한다.

〈적용사례〉

· 건설 현장에서의 석면 제거: 오래된 건물 해체 시 석면이 발견되면, 건물 전체를 석면 제거 전문 업체가 안전하게 석면을 제거한 후 해체 작업을 진행하는 경우
· 기계의 움직이는 부품 제거: 기계 설계 시, 불필요한 움직이는 부품을 제거하여 기계에 접근할 때 발생할 수 있는 끼임 위험을 없애는 경우.

■ 위험요인 대체

위험요인 대체는 고위험 물질이나 장비를 덜 위험한 물질이나 장비로 교체하는

것을 의미한다.

〈적용사례〉
· 유독성 화학물질 대체: 유독성 용제를 사용하는 공정에서, 인체에 덜 해로운 생분해성 용제로 대체하는 경우
· 석탄 사용 대체: 발전소에서 석탄을 연료로 사용하던 것을 천연가스나 재생 에너지로 대체하여 화재 및 폭발 위험을 줄이는 경우

■ **위험요인 통제**

위험요인 통제는 위험을 물리적으로 제거하거나 대체할 수 없을 때, 위험을 관리가능한 수준으로 줄이기 위한 방법이다. 이는 공학적 통제, 관리적 통제, 개인보호 장비(PPE) 등의 방법을 포함한다.

〈공학적 통제 사례〉
· 방음벽 설치: 공장에서 소음이 심한 장비 주변에 방음벽을 설치하여 소음 노출을 줄이는 경우
· 기계 안전장치: 기계의 위험한 부분에 안전 덮개를 설치하거나, 비상 정지 장치를 추가하여 작업 중 사고를 예방하는 경우

〈관리적 통제 사례〉
· 작업 절차 개선: 위험한 작업에 대한 표준 작업 절차를 작성하고, 모든 작업자가 이를 준수하도록 교육과 훈련을 실시하는 경우
· 정기 안전 점검: 정기적으로 장비와 작업 환경에 대한 안전 점검을 실시하여

잠재적인 위험 요소를 사전에 발견하고 조치하는 경우

〈개인 보호 장비(PPE) 사례〉
· 호흡 보호구 사용: 화학물질이 많이 발생하는 작업장에서 근로자들이 호흡 보호구를 착용하도록 하는 경우
· 안전모 및 안전화: 건설 현장에서 근로자들이 떨어지는 물체로부터 머리와 발을 보호하기 위해 안전모와 안전화를 착용하도록 하는 경우

위험성 처리 전략의 실행은 위험성 수준이 높은 것부터 개선 조치를 실시하는 것이 원칙이다. 중대재해가 발생한 위험성이나 높은 수준의 위험성에 대해서는 즉각적인 조치를 취해야 한다.

만약 즉각적인 조치를 위한 예산 등 자원이 부족하거나 조치 시간이 지연될 경우 안전한 임시조치라도 취하여 위험성을 가능한 최대한 낮출 수 있도록 해야 할 것이다.

제시된 사례들은 위험요인을 관리하기 위한 다양한 접근 방법을 보여주는 것이다. 각 방법은 상황에 따라 적절히 적용되며, 종합적으로 활용될 때 근로자의 안전을 보장할 수 있다.

교육훈련

위험성평가를 실시하고, 관련 보고서를 확보하며 우선순위에 따라 처리하는 과정이 끝난 게 아니다. 그동안 추진 내용들을 전 직원이 공유하고, 이해하며, 공감하고 각자의 위치에서 실행할 수 있어야 한다. 가장 중요한 활동이 바로 교육과 훈련이다. 결코 생략하여 넘길 일이 아님을 명심할 것!

06

비상조치 계획수립 및 훈련

"for Risk Zero Workplace!"

중대재해 발생상황에 대비하여 신속하고, 차질 없이 대처할 수 있는 역량을 습득하기 위한 최선의 방법은 비상조치 계획을 세우고, 계획에 따라 훈련을 거듭하는 이외에 다른 길은 없다. 아무리 멋있고, 잘 정리된 시스템이나 계획서도 실행으로 연결되지 않는다면 장식품에 불과하다. 그런 모습을 우리는 숱하게 경험해 오지 않았는가. 예방과 대비가 지루하고, 고달프다고 의도적으로 무시하거나 회피하는 풍토를 이제는 멈춰야만 한다.

대표적인 사례로 2024. 6. 24, 31명(사망 23명, 부상 8명)의 사상자가 발생한 경기도 화성시 소재 전지 제조 공장 화재사고에 대한 고용노동부 특별감독 결과 화재·폭발 예방 실태 및 비상대응체계 미흡이 중점적으로 확인되었다.

이처럼 파악된 유해·위험요인들에 대해 위험성을 측정·평가하고, 우선순위가 결정되면 사망사고로 이어질 수 있는 위험요인에 대해 재해발생 시나리오를 만들어야 한다. 그리고 작성된 시나리오들은 순차적으로 비상대응 훈련에 사용하도록 한다. 시나리오를 작성할 때는 몇 가지 원칙이 있으며, 가급적이면 이 원칙을 고려하여 정리하면 좋을 것이다.

- · 최악의 상황을 가정할 것

  산업재해에서 가정할 수 있는 최악의 상황은 사망 혹은 심각한 부상이다. 추락, 끼임, 부딪힘, 질식 등 중대재해가 될 수 있는 상황을 전제로 시나리오를 작성하도록 한다.

- · 간단명료하게 작성할 것

  중대재해 관련 시나리오를 사용하는 사람의 학력이나 지식수준의 높낮이에 상관없이 누구나 쉽게 읽고 이해할 수 있도록 작성해야 한다. 전문용어나 기술적 표현을 지양하고 최대한 간단하고 명확하게 표현해야 할 것이다.

- · 체계적이며, 시계열적으로 작성할 것

  중대재해 발생원인, 경과 상황 등에 대해 시간의 흐름에 따라 육하원칙을 적용하여 작성한다.

- · 현실적이며, 흥미 있는 주제를 정할 것

  시나리오는 자사의 작업현장에 걸맞은 현실적이고, 흥미 있으며, 발생의 개연성이 있는 주제로 내용이 구성되어야 한다.

- · 지속적으로 보완할 것

  작업 환경(장소, 기계·설비, 장비, 공정, 물질 등)은 변화하기 마련이며, 그에 따라 유해·위험요인이 달라질 수도 있을 것이다. 조직 상황 역시 변화가 불가피한데, 거기에 걸맞게 시나리오 내용 또한 다르게 움직여야 한다. 이미 작성된 시나리오 역시 훈련 후, 지속적으로 업그레이드하는 노력이 필요하다.

〈시나리오 작성 사례 1〉

2024년 5월 10일 오전 9시 30분경 경력 10년 차의 작업자 A씨. 제조 공장의 프레스 작업 구역에서 금속 부품을 프레스 기계에 넣고 작업하고 있다.

무심결에 기계의 위험 구역에 손을 넣어 부품의 위치를 조정하려다, 미처 기계 작동을 멈추지 않고 버튼을 눌러 기계가 동작하면서 왼쪽 손이 끼이며 팔이 빨려 들어가는 사고가 발생했다. 사고 상황을 확인한 결과 프레스 기계의 안전 덮개가 제대로 장착되지 않았고, 작업자가 안전 규정을 준수하지 않았다.

〈시나리오 작성 사례 2〉

2024년 6월 21일 오후 2시 10분경 외부 계약업체 소속 작업자 B씨. 제조 공장 외부의 5m 높이 배관 설비 중 추락하여 뇌진탕으로 사망하는 사고가 발생했다. 배관 누수 여부를 점검하기 위해 사다리를 타고 작업을 하다 발을 헛디딘 것이다.

확인해 본 결과, 작업자는 안전벨트를 착용하지 않고 사다리에 올라갔으며, 혼자서 작업을 한 것으로 확인되었다. 더구나 작업 구역 주변에 추락 방지 장치가 설치되지 않았던 것이다.

비상조치계획은 사업장에서 중대재해 발생에 대처하기 위하여 수립하고 피해를 최소화할 수 있도록 교육 및 훈련을 실시하여야 한다.

먼저 중대재해로 이어질 수 있는 재해요인을 파악하여 사업장 단위로 재해발생 시나리오를 작성한다.

비상조치계획에는 재해발생 시 상황보고 및 전파, 임시적인 위험요인 제거방안, 근로자 대피방안, 추가피해 방지 방안 등을 포함한다.

조치계획에는 작업중지권을 포함하여 사업주나, 근로자가 재해가 발생할 급박한 위험이 있는 경우 즉시 작업을 중지하고 근로자를 대피시키거나 근로자 스스로 대피하도록 한다.

다음 그림은 협착사고에 의해 중대재해가 발생했을 경우 처리 절차를 표시한 것이다. 훈련 시에도 그대로 활용할 수 있을 것이다.

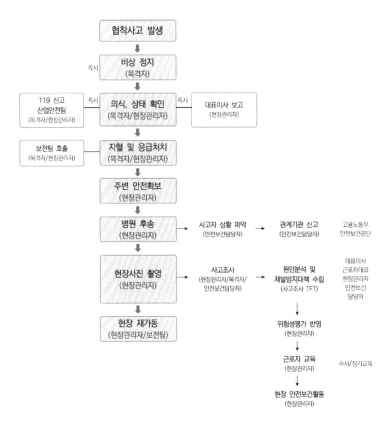

〈협착사고 발생 시 대응시나리오 처리 흐름도 예〉

출처 : 고용노동부, 안전보건관리체계구축 가이드, 2021

중대산업재해와 급박한 위험발생 시 준비된 시나리오와 매뉴얼에 따라 신속하게 대응하여 재해발생 초기 인명피해를 최소화 할 수 있다. 이러한 조치는 2차 피해 등 추가 피해를 줄일 수 있고 사고 신고 및 조사·수사 등 법령에서 정한 사항에 대한 대응을 가능하게 한다.

특정 유해·위험요인에 대한 시나리오를 가지고 실제로 훈련프로그램을 설계할 경우, 훈련 스크립트를 만들어 사용함으로써 더욱 현실감 있게 훈련을 실시할 수 있을 것이다. 이때에는 단계별로 구체적인 조치활동이 포함되어야 한다.

주요 내용은 비상상황 발생 시 작업중지, 근로자 신속대피, 위험요인 제거, 재해자에 대한 구호조치, 추가 피해방지조치 등을 포함한다.

다음 표는 협착사고 발생 시 훈련용 스크립트로써 상황에 따라 좀 더 구체적으로 작성하여 활용할 수 있다.

훈련이 끝난 후에는 반드시 훈련결과 보고서를 작성해 두어야 한다. 훈련 결과 보고서에 포함해야 할 내용을 정리하면 다음과 같다.

- 훈련 개요
- 목적, 일시 및 참석자, 훈련장소 등
- 소요 비용 및 필요 장비 등
- 훈련 참가 범위
- 훈련 시나리오 및 스크립트
- 훈련 평가(실효성 검증)
- 문제점 및 개선 사항

《협착사고 발생시 훈련용 스크립트》

시간 및 상황	조치사항	담당
00:00~00:01 협착사고 발생 /환자 발생	· 프레스 작업 중 상부프레임과 이동형판 사이에 협착사고 발생 · 사내 방송 또는 비상경보로 비상상황을 전파하고 지원 요청	
00:01~00:06 환자 구조	· 동료 직원 등이 호흡 정지 여부를 확인하고 인공호흡과 심폐 소생술 실시 · 출혈이 심하면 지혈하고, 쇼크를 막기 위해 담요 등으로 보온 조치	
119 구조대 신고	· 119 구조대에 추락사고 발생상황을 신고	

환자 응급조치	· 골절이 있으면 그 부위를 부목으로 움직이지 못하도록 고정
	· 외상이 있으면 소독 및 필요한 연고 약을 상처에 바르고 거즈 또는 붕대로
	  상처부위를 보호
	· 119 구조대 도착 시 현장으로 안내하고 필요시 지원
	· 2차 재해가 발생치 않도록 현장에 출입 통제하고 표지판을 게시하는 등
	  필요한 안전조치 실시	

00:06~00:10 상황 보고	· 관계기관 등 상황 보고 "△△공장입니다. 프레스 작업 중 왼손 협착사고가 발생했습니다. 119 구조 대에 구조를 요청하고 현재 직원이 외상 임시 치료 및 심폐소생술 등 필요 한 응급조치를 했습니다."	
현장 보존	· 현장 보존 조치 사고 현장 주위에 아무도 출입하지 못하도록 울타리를 치고 재해 발생 원인 조사 종료 시까지 현장을 보존	
00:10~ 환자 병원 후송	· 119 구조대 도착하여 응급조치 후 병원으로 후송	

07

도급·용역·위탁시 안전보건 확보

"for Risk Zero Workplace!"

도급은 물건의 제조, 수리 또는 서비스 제공, 그 밖의 업무를 타인에게 맡기는 계약으로 도급인은 사업장의 유해·위험요인을 가장 잘 알고 있으므로 도급인 사업장에서 작업하는 자신의 근로자와 관계수급인의 산재예방을 위하여 안전보건의 시설의 설치 등 필요한 안전보건 조치의무가 있다.

산업구조의 변화로 외주화가 확대·심화되고, 특히, 유해·위험한 작업 등의 도급에 의해 관계수급인(하청) 근로자의 사망사고가 빈발하여 도급인의 안전보건관리강화에 대한 사회적 요구가 증가되고 있다. 2018년 12월 태안화력발전소 컨베이어 끼임 사고와 이천 냉동창고 화재사고가 발생하여 수급업체 근로자 사망사고가 발생한 바가 있다.

따라서 2020년 1월 26일부터 시행된 「산업안전보건법」 전부 개정법률에서는 도급의 정의를 새로 규정하고, 유해한 작업의 도급을 금지하는 등 도급에 관한 산업재해예방 규율예방체계를 전반적으로 재구축하여 도급인으로서의 안전 및 보건

조치 의무를 강화하였다. 도급·위탁·용역 등 외부 인력은 수시로 작업장소가 변하고, 작업하는 사업장의 유해·위험요인에 대한 정보가 부족하여 산업재해에 쉽게 노출된다. 반드시 안전보건 역량을 갖춘 업체를 선정하며 안전보건 관리비용과 충분한 작업기간 등을 보장할 때 종사자의 안전을 확보할 수 있을 것이다.

산업재해예방 능력이 있는 도급·위탁·용역 사업주를 선정할 때는 선정기준과 절차를 마련하여 평가하고 안전보건 확보가 어려운 경우 계약하지 않는 것을 원칙으로 해야 한다. 아래 그림은 도급 진행 단계에 따라 주요 안전보건 관련 활동을 예시한 것이다.

《도급 진행단계별 주요 안전보건 활동 예시》

계약	① 도급·용역·위탁업무검토	도급 금지 및 도급승인 대상 검토
	② 도급·용역·위탁 업무 계약 입찰	안전보건 수준 평가기준 제시
	③ 입찰 서류 검토	안전보건관리계획서 검토 및 안전보건 수준 평가
	④ 도급업체 계약	적격 수급업체 선정(안전보건 조건 명시)
수행	⑤ 도급·용역·위탁 업무 계약 이행	- 안전보건 정보제공 - 안전보건협의체 구성 운영 - 순회점검, 합동안전보건점검 - 안전 작업허가제 실시 - 안전보건교육 지도·지원 - 유해인자 및 화학물질 관리 - 경보체계, 대피 등 합동훈련 - 위생시설 등 장소제공(이용협조)
종료	⑥ 도급·용역·위탁업무 완료	안전보건 업무평가

그리고 적격 수급업체를 선정하기 위해서는 객관적으로 측정가능한 지표를 적용하여 평가하도록 한다. 아래의 표는 일반적으로 수급업체를 평가할 때 사용하

는 평가지표를 예시한 것이다.

《수급업체 선정 평가표》

평가항목	평가기준	배점	점수
I. 안전보건관리 체계	도급·용역·위탁받는 자의 안전보건관리 체계 구축 수준	40	
리더십	- 경영방침, 인력·시설·장비 등 자원 배정의 적정성 등	10	
근로자 참여	- 종사자 의견수렴 절차 및 이행 적정성	10	
위험요인 파악 및 제거·대체·통제	- 위험요인 파악 및 개선절차 및 수준의 적정성	10	
비상조치계획	- 비상조치계획 적정성	10	
II. 도급·용역·위탁 안전보건 관리 계획	도급·용역·위탁받는 업무에 대한 안전보건 관리 계획 적정성	60	
위험요인 파악 및 제거·대체·통제	- 도급·용역·위탁받는 업무에 대한 위험요인 파악, 제거·대체 및 통제 방법의 적정성(위험성평가 및 대책의 적정성)	15	
자원 배정(시설·장비)	- 도급·용역·위탁받는 업무의 위험요인 관리에 적합한 시설·장비 배정 및 운영 - 사용 기계·기구 및 설비의 종류 및 관리계획	15	
자원 배정(인력)	- 도급·용역·위탁받는 업무의 위험요인 관리에 적합한 인력 배정 및 운영 - 도급·용역·위탁받는 업무 관련 실적, 작업자 이력·자격·경력 현황	15	
비상조치계획	- 도급·용역·위탁받는 업무 시 발생 가능한 비상상황 및 대처에 적합한 비상조치계획	15	

사업장 내 모든 구성원은 동일한 안전수준으로 보호받을 수 있도록 조치해야 한다.

그러기 위해서는 수급업체 근로자에게 안전보건 관련 정보를 제공해야 한다.

예를 들어 제조·사용·운반 또는 저장하는 위험물질 및 유해물질의 명칭과 유해성·위험성에 대한 정보나 안전보건상 유해하거나 위험 작업 수행 시 주의사항, 유해하거나 위험한 물질의 유출 등 사고가 발생할 경우 필요한 조치의 내용 등을 제공한다.

또한 사업장 내에서 수행하는 안전보건 활동에 숙박 중인 근로자를 참여시켜 관련되는 사항에 대해 공유한다. 수급업체가 안전보건에 관하여 의견을 제시할 수 있는 협의체회의, 워크숍 등 다양한 소통체계를 구축한다. 기타 자세한 사항에 대해서는 고용노동부에서 발간한 『산업재해 예방을 위한 안전보건관리체계 가이드북』을 참고하기 바란다.

08

평가 및 개선

"for Risk Zero Workplace!"

왜 평가하는가?

"평가가 없으면 성장하지 못한다."

중소기업을 포함한 소규모 사업장에게 가장 취약한 부분이 있다면 아마도 자체 평가시스템이 아닐까 싶다. 물론, 허술한 계획도 문제지만 평가체계가 없다는 건 더 큰 문제다.

안전보건관리체계가 조직에 도입하기 시작한 지 얼마 안 되는 시점인데, 이행현황을 정기적으로 확인하고 문제점을 파악·개선 활동을 올바로 할 것이라고 기대하진 않지만 앞으로 안전경영문화 정착을 위해 반드시 필요한 절차다.

시험이 없는 게 좋은 것 같지만 학습성과를 정기적으로 측정해 보지 않으면 자신의 수준이 어느 정도인지 알 수 길이 없는 것과 마찬가지로 평가가 없으면 방향을 잡을 수 없다.

무엇을 평가할 것인가?

먼저 무엇을 평가하는 게 좋을까? 평가 대상에 관한 문제이다. 평가의 원래 목적이 더 나은 발전을 위한 것이므로 안전보건 관련 목표 대비 성과를 평가하는 것이 첫 번째 대상이 될 것이다. 앞에서 안전보건관리체계 목표는 결과 중심보다는 과정(예방)중심으로 설정하는 것이 바람직하다고 언급한 적이 있다. 즉, 재해율 제로(0) 보다는 유해·위험요인 발굴 건수, 또는 안전제안 건수 등이 현장의 안전경영문화 수준을 높이는 데 도움이 된다. 따라서 평가자는 안전보건 목표 설정이 어떤 형식으로 이루어졌는지 확인하도록 한다.

물론 궁극적으로는 산업재해 발생 건수가 감소하거나 발생하지 않으면 가장 이상적일 테지만, 증가하면 증가한 대로 감소했다면 감소한 대로 그 원인을 확인하는 절차를 반드시 거치도록 한다. 개선 포인트를 찾기 위함이다.

목표에 대한 평가와 관련하여 또 들여다봐야 할 것은 목표 대비 성과에 관한 부분이다.

다음으로 평가해야 할 사항은 안전보건관리체계가 제대로 운영되고 있는지 확인해야 한다. 안전보관관리체계를 구성하고 있는 6개 분야(평가 및 개선 제외)가 제대로 현장 활동과 연계되어 살아 움직이지 않으면 그동안 쓸데없는 에너지 낭비를 해온 셈이 아니겠는가. 평가 체크리스트를 만들어 운영하기를 추천한다.

세 번째, 발굴된 문제점들은 주기적으로 검토하고 개선한다. 평가·점검을 통해 확인한 문제점들은 분기별 또는 반기별 조치 계획을 세워 경영자에게 보고하고 필요한 예산이나 자원을 할당받아 이행한다. 이 과정에서 조치계획 수립 및 이행과

정은 투명하게 처리하고, 공개해야 한다. 한 가지 사례를 통하여 이해를 돕도록 하겠다.

화학소재 전문기업인 K사는 사고 없는 안전한 사업장을 만들기 위해 부단히 노력을 해 왔다. 그 중심에는 깐깐한 감사제도가 있다.

작은 사고 하나까지 미연에 방지하려면 사업장의 안전수준부터 정확하게 파악하여 역량 있는 감사원 선정과 양성에 굉장히 많은 노력을 기울이고 있다.

감사원 선정은 관리자급 이상의 업무경력과 전공, 자격, 자체 감사원 양성교육 이수 등 내부기준으로 정한 일정한 수준 이상이 되어야 한다. K사는 다음과 같이 자체 감사를 운영하고 있으니, 참고가 되길 바란다.

〈K사 자체감사 진행 과정〉

① 서류분석, 현장확인 등을 통한 지침사항 준수여부 확인

② 최근 3년간 결과 비교분석

③ 전년도 지적사항 개선율 점검

④ 평가점수 하락 항목 중점관리계획 수립

⑤ 보고서 작성

⑥ 자체감사 보고서 전 사업장 공유

⑦ 개선 사항이 발견된 사업장은 공장장이 담당자 지정 후 즉시 개선

어떻게 평가할 것인가?

가장 먼저 수행하는 평가 방법은 안전보건관리체계의 6개 영역에 대한 문서를 확인해 보는 것이다.

두 번째, 현장점검을 통해서 제반 실천 사항을 직접 관찰함으로써 보다 명확하게 확인해 본다. 현장점검 시에는 무엇을 점검할 것인지에 대한 목록을 준비하도록 한다.

셋째, 직원 면담을 통해 확인하는 방법도 있다. 이때 역시 면담에 필요한 질문 항목을 미리 설계해 두면 효율적으로 면담을 진행할 수 있을 것이다.

이상 세 가지 평가 방법은 상호독립적으로 사용하기 보다는 동일한 사항에 대해 크로스체크(cross check) 형식으로 사용할 수 있도록 하는 게 바람직하다.

참고문헌

고용노동부 외, 중·소규모 사업장을 위한 쉽고 간편한 위험성 평가방법 안내서(안), 2023.

고용노동부, 안전보건관리체계구축 가이드, 2021.

박종선 외, 근로자와 사업주의 안전의식 수준 실태조사 및 조사체계 개발, 안전보건공단, 2013.

박진홍 외, 기업의 안전문화 수준변화와 재해율과의 상관관계: P사사례연구, J.Korea Saf. Manag. Sci. Vol. 24 No4, 2022.

안전보건공단, 2022년 안전보건관리체계 구축 및 위험성평가 우수사례, 2022.

안전보건공단, 2023년 안전보건관리체계 구축 및 위험성평가 우수사례, 2023.

안전보건공단, 새로운 위험성평가 안내서, 2023.

이선희 외, 안전문화 길라잡이 1, 안전보건공단, 2021.

이선희 외, 안전문화 길라잡이 2, 안전보건공단, 2021.

이선희 외, 화학산업 안전풍토(Safety Climate) 조성방안 마련, 안전보건공단, 2020.

이정식 외, 중대재해 사고백서_2023 아직 위험은 끝나지 않았다, 고용노동부외, 2022.

정완순 외, 안전문화와 효율적인 안전경영체계에 관한 연구, 한국산업안전공단, 2004.

정진우, 안전심리, 교문사, 2022.

조필래 외, 작업 위험성 평가에 관한 기술지침, 한국산업안전보건공단, 2020.

중대재해처벌법(2022. 1. 27.).

「사업장 위험성평가에 관한 지침(고용노동부 고시 제2023-19호, 2023. 5. 22.)」.

KOSHA GUIDE C-107-2013 안전보건 리더십에 관한 지침.

Rhona Flin 외, 현장의 안전향상을 위한 비기술적 역량 가이드, 세진사, 2019.

제5장

안전심리 및 행동의 관리

01

안전이 심리를 입다

"for Risk Zero Workplace!"

인간 본성과 안전

"안전은 인간의 욕구에 기초한 본성과의 싸움이다."

『안전 심리 핸드북(Handbook of Safety Psychology)』의 저자 Geller의 얘기다. 안전을 유지하기 위해서는 인간의 기본 욕구와 수시로 충돌할 수밖에 없으며, 인간의 기본 욕구와 행동이 때로는 안전을 저해할 수 있다는 뜻이다. 따라서 이를 관리하고 통제하는 것이 안전관리 핵심이라는 점을 강조하고 싶은 것이다. 그의 얘기를 좀 더 구체적으로 정리해 보면 이렇다.

첫째, 즉각적 만족을 추구하고자 하는 욕구

인간은 종종 즉각적인 만족을 추구하는 경향이 있다. 이는 안전 규칙을 무시하거나 위험을 감수하는 행동으로 나타날 수 있다. 예를 들어, 작업 현장에서 안전 장비를 착용하는 것이 불편하고 시간이 걸린다는 이유로 바로 작업에 들어가고자 하는 유혹을 느낀다.

둘째, 모험심과 도전하고자 하는 욕구

인간은 본능적으로 도전과 모험을 즐기려는 욕구가 있다. 이러한 특성은 위험한 상황에서도 자신을 시험하거나 극한의 상황을 경험하려는 행동으로 이어질 수 있다. 극한 스포츠나 위험한 작업환경에서 이러한 본성은 안전에 대한 도전이 된다.

셋째, 사회적 압력과 인정에 대한 욕구

사회적 압력이나 다른 사람으로부터 인정받고자 하는 욕구 또한 안전을 위협할 수 있다. 작업장에서 동료들이 안전 규칙을 무시할 때, 그들과 같은 방식으로 행동하지 않으면 따돌림을 당하는 게 두려워 안전 규칙을 무시할 수 있다. 이러한 사회적 압력은 안전한 상황 유지에 장애가 될 수 있다.

넷째, 경제적 동기 추구 욕구

경제적 이익이나 시간 절약의 욕구도 안전과 충돌할 수 있다. 더 많은 돈을 벌기 위해 규정을 무시하거나 작업을 빨리 끝내려고 안전 절차를 생략하는 경우가 발생한다. 경제적 동기는 개인과 조직의 안전을 위협하는 요인으로 작용한다. 즉, 보이지 않는 위험보다 보이는 효율(비용 절감, 시간 절약 등)을 중시하는 풍토에서 많이 볼 수 있는 현상이다.

다섯째, 위험에 대한 경계심리 해제 욕구

"뛰다 보면 걷고 싶고, 걷다 보면 서고 싶고, 서 있으면 앉고 싶어진다."는 말처럼 인간이란 점점 편안함에 안주하고 싶은 욕구가 있다.

운이 좋아(?) 장기간 사고가 없는 현장이 유지되다 보면 위험에 대한 경계심리가 약화 되어 긴장도가 풀리고, 관리력이 느슨해진다. 현장에서 위험이 즉각적으로 드러나지 않는 경우, 사람들은 안전조치를 소홀히 할 수 있다. 사고는 그 틈바구니를 노린다.

전략적 관리 포인트

위에서 본 바와 같이 인간 본성과 현장 안전의 문제는 근원적으로 충돌할 수밖에 없는 구조적인 문제를 지니고 있다. 이러한 심리적 본성을 전제로 하고, 어떻게 관리하면 작업 현장의 리스크를 줄일 수 있을지 탐색해 보자.

첫째, 안전중시 조직문화 조성

안전문화란, 작업장 안전과 관련하여 조직구성원들이 당연하다고 여기는 가치에 대한 공유에서 출발한다. '문화'라는 말은 추상적인 것 같지만, 실제로는 매우 구체적이면서 실제적이다. 대표적인 예로써 현장 근로자 중 누군가가 아차 사고를 경험했을 때 아무런 부담 없이 책임자에게 보고하고 있다면 그 조직은 안전 문화가 형성되었다고 할 수 있다. 안전 문화가 형성되었다는 것은 조직 내에 생명존중의 분위기가 조성되었다는 뜻이다. 안전문화를 조성하려면 안전관리를 전사적 관점에서 다룰 수 있도록 체계적인 접근이 필요하다.

둘째, 긍정적 강화

잘못한 행위에 대한 처벌(부정적 강화) 보다는 안전한 행동을 보이는 직원에게 보상과 인정을 통해 긍정적 강화를 제공함으로써 동일한 행동을 반복하도록 한다. 구체적인 수단으로써 안전 규칙을 준수한 직원에게 포상이나 칭찬을 한다. 이는 다른 직원들이 안전 규칙을 지키도록 동기를 부여할 수 있다. 관리감독자나 안전책임자 등이 배워야 할 리더십 수단이다.

셋째, 심리적 안정감 조성

직원들이 안전 문제를 자유롭게 제기할 수 있는 환경을 조성한다. 직원들이 안전 문제를 보고하거나 개선 의견을 제시할 때 불이익을 받지 않도록 보장하고, 의견을 경청하는 문화를 만들어야 한다. 이를 위해서는 경영진의 안전의지가 중요한 역할을 한다.

넷째, 교육과 훈련

지속적인 교육과 훈련을 통해 안전의 중요성과 구체적인 행동 지침을 강조한다. 정기적으로 안전 교육과 훈련을 실시하고, 실제 상황에서의 대응 방법을 시뮬레이션하여 직원들이 안전한 행동을 습관화하도록 한다.

그런데 안전 관련 교육이 효과를 기대하기 위해서는 학습 패러다임 혁신이 필요하다. 강사의 일방전달식 학습에서 토론식 혹은 문제해결식으로 전환해야 한다. 특히, 일방적 듣기 위주 교육에서 말하기 위주로 바꿈으로써 학습 동기를 강화할 수 있을 것으로 기대한다.

다섯째, 안전 리더십

경영자를 포함하여 안전책임자, 관리감독자들이 솔선하여 안전 규칙을 준수하고, 이를 통해 직원들에게 본보기를 보여준다. 현장 관리자는 항상 안전 장비를 착용하고, 안전 절차를 준수하는 모습을 보여야 한다. 이를 통해 직원들도 자연스럽게 관리자의 안전 행동을 따르게 된다.

여섯째, 감정 및 스트레스 관리

직원들이 업무에서 겪는 스트레스와 감정을 관리할 수 있도록 지원한다. 스트레스 관리 프로그램을 운영하거나, 상담 서비스를 제공하여 직원들이 정신적으로 건강한 상태를 유지하도록 돕는다. 특히 관리적 차원에서 스트레스 관리요소[33]는 원인파악, 증상 및 영향 인식 그리고 대응전략 실행 등이 있다.

일곱째, 참여와 의사소통

직원들이 안전관리에 참여하고, 자신의 의견을 말할 수 있는 기회를 제공한다. 안전보건위원회를 구성하고, 정기적인 회의를 통해 직원들의 의견을 반영하는 절차를 만든다.

여덟째, 행동경제학적 접근

행동경제학의 원리를 활용하여 안전한 행동을 유도한다. 행동경제학, 즉 넛지 이론(Nudge Theory)[34]은 사람들의 행동을 보다 바람직한 방향으로 유도하기 위해 선택 환경을 설계하는 방법이다. 이 이론은 안전관리에서도 효과적으로 활용될 수 있다.

예를 들어, 공장이나 건설 현장에서 위험 구역을 명확히 표시하기 위해 시각적 신호를 사용하는데, 바닥에 선명한 색상의 라인이나 발자국을 표시함으로써 안전한 경로를 따라가도록 한다.

시각적 신호는 직관적으로 위험 구역과 안전 구역을 구분하게 하여 작업자들이 자연스럽게 안전한 경로를 따르도록 유도하는 효과가 있다.

---

33) Rhona Flin 외, 현장의 안전향상을 위한 비기술적 역량 가이드, 세진사, 2019, p198.
34) 넛지(Nudge) 이론: '팔꿈치로 슬쩍 찌르다' 혹은 '주의를 환기시키다'는 의미로써 리처드 탈러와 캐스 선스타인이 공저한 「넛지(Nudge)」라는 책을 통해 알려졌다. 행동경제학자인 리처드 탈러는 2017년 노벨상을 수상하였다.

아홉째, 사고 사례 공유

과거의 사고 사례를 공유하여 안전의 중요성을 상기시킨다. 사고 사례를 통해 어떤 행동이 위험을 초래했는지 설명하고, 안전 규칙을 준수했을 때 사고를 예방할 수 있었다는 점을 강조한다.

리스크 항상성의 문제

예상되는 위험을 제거하거나 감소시키기 위해 만들어 놓은 안전장치는 과연 효과가 있을까?

리스크 항상성 이론(Risk Homeostasis Theory)[35]은 사람들이 일정 수준의 위험을 받아들이고 그에 따라 행동을 조정한다는 이론인데, 사람이나 조직이 안전조치가 강화되거나 위험이 감소할 때, 반대로 더 위험한 행동을 하게 되어 결국 전체적인 위험 수준이 일정하게 유지된다는 것이다.

첫 번째 예로써, 안전벨트·에어백 등의 안전장치가 추가되었을 때 운전자들은 자신이 더 안전하다고 느끼고 더 빠르게 운전하거나 덜 주의하게 됨으로써 도로교통사고의 전체적인 위험 수준은 동일하게 유지된다.

두 번째 예로써는 건설 현장에서 안전모와 안전벨트를 제공받은 작업자가 이러한 보호장비를 착용하면서, 자신이 더 안전하다고 느껴 위험한 작업을 더 자주 시도할 수 있다.

리스크 항상성 이론은 때때로 안전조치의 효과를 과소평가할 수 있다. 안전조치

---

35) 제럴드 와일드(1982), 캐나다 교통학자, Risk Analysis에 리스크 항상성 이론 발표.
   Wilde, G. J. S. (1982), The Theory of Risk Homeostasis: Implications for Safety and Health, Risk Analysis, 2(4) p209-225.

가 궁극적으로 사고를 줄이고, 사람들의 행동에 긍정적인 변화를 유도할 수 있다는 부분도 눈여겨 볼만하다.

사람들의 행동 변화는 다양한 요인에 의해 영향을 받으며, 단순히 위험 수용 수준에 의해서만 결정되지 않는다. 교육, 법적 규제, 사회적 압력 등 여러 요인이 함께 작용한다는 점도 고려해야 할 것이다.

결론적으로 리스크 항상성 이론은 안전조치가 도입될 때, 그에 따른 행동 변화를 예측하고 이를 종합적으로 고려해야 함을 시사한다. 즉, 단순히 안전장치를 추가하는 것만으로는 안전이 보장되지 않는다.

02

인적오류 원인과 관리 포인트

"for Risk Zero Workplace!"

인적 오류의 개념

생각이나 행동이 상황에 관계없이 모두 완벽한 사람이 있을까? 인간이란 원래부터 불완전한 개체로 존재한다. 늘 실수하고, 망각하고, 실패하고, 착각하고… 이게 인간의 공통적인 특성이다.

"인간은 결국 인간일 수밖에 없다."

인간의 궁극적 한계를 빗댄 말이다. 아무리 잘 관리되는 현장이라도 영원한 '사고 제로'는 도달할 수 없는 이데아일 수밖에 없는 이유다. 사고 원인의 60~80%가 사람에 의한 불안전 행동에서 비롯된다는 통계[36]가 이를 반증한다.

인간이 저지르는 불안전 행동, 즉 인적 오류(Human Error)란, 사람이 특정한 목표를 달성하려는 과정에서 실수나 잘못된 행동을 하여 결과적으로 원하지 않는 결

---

36) 한국산업안전공단(2002), 불안전 행동과 종합 휴먼에러 방지 기술, p8.
　　한국산업안전보건공단(2020), 사고와 로또의 공통점, 안전보건 이슈리포트 제2호, p9.

과를 초래하는 행위를 의미한다. 이는 계획된 행동이 의도한 목표에 도달하지 못하거나, 부적절하게 수행되어 사고나 문제를 유발하는 경우를 포함하는 개념이다.

주요 특징

행동의 실패: 인적 오류는 의도한 행동이 실패하거나 목표를 달성하지 못하는 경우를 말하는데, 이는 행동의 계획, 실행, 또는 두 부분에서 발생할 수 있다.

예측 가능성: 대부분의 인적 오류는 반복적이며, 특정한 상황이나 조건에서 예측할 수 있다. 따라서 오류를 이해하고 분석함으로써 예방 가능한 범위 안에 존재한다.

환경과의 상호작용: 인적 오류는 종종 작업환경, 도구, 시스템 등과 상호작용하는 과정에서 발생한다. 이 부분은 m-SHEL 모델을 통하여 구체적으로 설명할 것이다.

결과의 중대성: 인적 오류의 결과는 경미한 실수에서부터 심각한 사고나 재난에 이르기까지 다양할 수 있다. 따라서 예방과 대비의 중요성을 자각하고 전략적으로 관리하려는 노력이 절실하다.

인적 오류 발생의 근원

그렇다면 인적 오류는 도대체 어떤 연유로 발생하는 것일까? 적절한 해결방법을 찾기 위해서는 그 근본 원인을 따져보는 과정이 무엇보다 중요하다. 인적 오류 원인을 설명하는 모델은 SHEL, 4M, m-SHEL 등이 있는데 본서에서는 m-SHEL을 중심으로 설명하고자 한다. m-SHEL 모델은 SHEL을 기반으로 한 변형모델이니, 먼저 SHEL 모델을 이해하는 데서 출발하는 게 좋겠다.

SHEL 모델의 개발은 Edwards(1972)에 의해 이루어졌으나, Hawkins(1987)에 의해 Liveware에서 인간을 분리하여 SHELL 모델로 발전[37]하였다.

〈SHEL 모델〉　　　　　　　〈m-SHEL 모델〉

SHEL이란, Software(소프트웨어), Hardware(하드웨어), Environment(환경), Liveware(사람)를 의미하는데, 구체적인 내용을 정리하면 다음과 같다.

《SHEL 모델에 대한 구체적 설명 자료》

SHEL	관련 세부 내용
Software	작업규정, 작업 절차 및 작업지침서, 교육훈련 방식 등 소프트웨어 관련 요소들
Hardware	작업에 사용되는 기계, 설비, 장비 등 물리적 요소
Environment	온도, 습도, 조명, 소음, 작업공간 등 물리적 환경 관련 요소
하단 Liveware	지시, 명령, 조언 등 작업자를 둘러싸고 있는 여러 인적 요소(경영자, 상사, 동료 등)
중앙 Liveware	작업자 본인의 지식, 기술, 태도 등

---

37) 정일봉, SHEL 모형 기반 철도사고 유형별 요인분석을 통한 사고 위험 저감방안(박사학위논문), 서울과학기술대학교, 2019. P.16.

작업자(중앙 Liveware)는 항상 작업자 본인을 포함하여 그를 둘러싸고 있는 여러 요소들이 상호작용하면서 작업 결과뿐만 아니라, 안전에 영향을 미친다. 작업자(L)가 Software(소프트웨어), Hardware(하드웨어), Environment(환경), Liveware(하부 및 중앙)와의 부적합한 상호작용이 사고 발생의 원인이 되는 것이다. 즉, 작업자(L)가 SHEL과의 접점이 부실해지면서 위험 가능성을 높이는 상황이 전개된다.

네모 박스 주변을 울퉁불퉁하게 표현한 것은 제반 요소들이 항상 변화한다는 표현이다. 작업자(L) 자신의 신체나 감정 상태, 지식과 기술, 설비 및 장비 상태, 작업지침이나 순서, 작업공간 상태 등은 시시각각 변화하는 대상이다. 그에 따라 L(작업자)의 행동이 변해야 할 뿐만 아니라, 역으로 L(작업자)의 행동의 변화에 따라 SHEL도 변해야 하는 경우도 있다.

그림을 통해서 알 수 있듯이, 안전의 문제는 결코 단순하지 않다. 즉, 현장 안전에 영향을 미치는 것은 매우 복잡하며 복합적임을 알 수 있다. S-H-E-LL이 개별적으로 작업자에게 영향을 미칠 수도 있지만 SHELL전체가 동시에 작업자에게 영향을 미칠 수도 있기 때문이다.

작업자(L)와 SHEL과의 상호작용에서 균형을 유지하도록 하는 것이 바로 경영자의 역량이며, 조직의 관리 수준이다. 그 역할을 상징하는 것이 바로 m(관리능력)으로써, 여기에는 경영자, 임원과 관리자 및 현장 관리감독자들을 포함한다.

어떤 조직(영리, 비영리 포함)이든 최고 책임자가 바뀌면 조직 전반의 구조나 분위기가 바뀌게 마련인데, m의 역량이나 태도에 따라 작업자(L)자신과 SHEL 상태가 변화한다. 예를 들어, 경영자의 주요 관심사가 주로 원가에 집중되어 있다면 작업자(L)가 기계/설비를 밤늦은 시간까지 가동함으로써 SHELL 간의 균형이 무너질 수 있으며, 궁극적으로는 안전의 문제에 균열이 생길 가능성이 커진다.

인적 오류의 유형과 전략적 관리

이번에는 L(작업자)와 SHEL 간의 상호균형을 그르치는 요소들, 즉 인적 오류 (Human Error)와 그 관리전략에 대해 논의해 볼 차례다.

먼저 인적 오류를 어떻게 정의하고 있는지 여러 제안자들의 의견을 정리해 본다.

《인적 오류의 정의》

제안자	인적 오류의 정의
Swain and Guttmann(1983)	시스템이 정해 놓은 허용 한계를 벗어나는 행위
Reason(1990)	알 수 없는 원인으로 일련의 정신적 또는 육체적 활동이 의도한 결과를 달성하지 못하는 경우
Sender and Moray(1991)	행위자의 의도 또는 규정이나 외부의 관찰자가 원하는 것에 반하는 행동으로 작업 또는 시스템의 허용 범위를 벗어나는 일
Hollnagel(1993)	의도하거나 원하지 않은 행동 또는 정해진 행동을 요구되는 정확도, 순서, 시점에 따른 이행 실패로 원하지 않은 결과를 얻게 되는 일

인간공학(Ergonomics)에서는 불안전한 행동을 인적 오류(Human Error)라고 하는데, 인적 오류 자체가 위험요인이라고 할 수는 없다.

사고와 재해는 위험요인을 취급하는 작업자(L)와 주변의 다양한 요인들, 즉 SHEL과의 상호작용 실패에서 비롯되는 결과이다.

인적 오류(불안전 행동)에 대한 유형의 분류에 대해서는 리즌(Reason)의 정의를 따라가 보자. 그는 불안전 행동(Unsafe Act) 원인을 의도의 유무에 따라 네 가지로 분류한다. 의도하지 않은 불안전 행동은 잘못(Slip)과 깜빡(Lapse)으로 구분하며, 의도한 불안전 행동을 실수(Mistake)와 위반(Violation)으로 구분하였다.[38] 단, 위반은 불안전 행동이지만 인적 오류(Human Error)에는 해당하지는 않는다. 다음 그림은 리즌(Reason)의 불안전 행동 유형을 정리한 것이다.

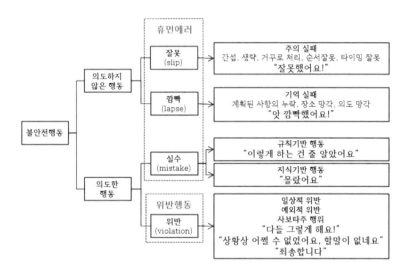

〈리즌의 불안전 행동 유형〉

출처: 정진우(2022), 안성훈(2023) 불안전 행동 유형을 재작성함

---

38) 안성훈(2023)은 Reason의 불안전 행동을 의도하지 않은 행동과 의도한 행동으로 구분하여 잘못(Slip), 깜빡(Lapse), 실수(Mistake), 위반(Violation)으로 분류하였다.

【잘못(Slip)】

잘못(Slip)이란, 의도하지 않은 잘못된 행위 중 '아차 하는 사이에' 의도와는 다르게 수행된 행위이다. 숙련 기반 행동(skill-based behavior) 단계에서 발생하는 에러이다. 구체적으로 말하면, 행동의 의도는 적절하나 그 행동이 잘못 실행되어 발생하는 오류를 말한다. 주로 일상·반복 작업 중에 발생하는 경우가 많은데, 작업자가 계획된 행동을 수행하는 과정에서 순간적인 주의 산만으로 인해 발생한다.

예를 들면, 기계의 작동 버튼을 누르려고 했으나, 옆에 있는 정지 버튼을 누른 경우

· 의도: 기계를 작동시키려고 함
· 실제 행동: 기계를 정지시킴
· 원인: 버튼 위치를 혼동함

전략적 관리 포인트로써 다음과 같은 방법들이 있다.
· 명확한 라벨링: 기계나 장비의 버튼, 레버 등에 명확한 라벨을 붙여 혼동을 줄인다.
· 일관된 디자인: 유사한 작업환경에서 일관된 디자인과 배치를 유지하여 작업자가 혼동하지 않도록 한다.
· 조명과 소음 관리: 적절한 조명과 소음 수준을 유지하여 작업자의 주의력을 높인다.

【깜빡(Lapse)】

기억의 실패로 인해 발생하는 오류를 말한다. 이는 주로 작업자가 어떤 행동을 잊어버리거나, 중요한 단계를 생략하는 경우에 발생한다. 즉, 행동하려는 의도는 있었지만, 기억의 부재로 인해 그 행동을 실행하지 못한 경우이다. 이것 역시 잘못

(Slip)과 마찬가지로 숙련 기반 행동(skill-based behavior)의 일종이다.

기억의 실패는 작업 직전 상기 실패, 작업 직후 상기 실패 및 미래 기억의 실패 등 3가지 패턴[39]이 있다.

⟨기억 실패 패턴 1⟩

주요 부분에 대한 작업 직전에 발생하는 상기(想起) 실패: 주된 사건에 주의가 집중되어 관심 부족으로 준비단계의 작업 요소를 잊어버리는 현상이다.

전략적 관리 포인트로써 다음과 같은 방법들이 있다.

· 주 작업 직전에 여러 가지 작업을 하지 않음

· 주 작업 전에 감독자 확인 후 작업지시 절차 이행

· Foolproof 철저히 활용함

⟨기억 실패 패턴 2⟩

주요 부분에 대한 작업 직후에 발생하는 상기(想起) 실패: 작업의 주요 부분을 끝냄과 동시에 모든 것을 종료했다는 기분이 들어 관심이 그 다음으로 옮겨가 작업의 주요 부분이 끝난 후 작업단계를 잊어버리는 현상이다.

예를 들어, 수술 후 거즈나 수술도구를 몸에서 제거하지 못하는 경우가 가끔 발생하는 것을 본다.

전략적 관리 포인트로써 다음과 같은 방법들이 있다.

· 작업의 주요 작업을 가장 마지막으로 함

---

39) 고마츠바라 아키노리, 인적오류, 세진사, 2016, p73~83.

· 마지막 부분을 확인하는 관리적 시스템 구축

· Foolproof 철저히 활용함

〈기억 실패 패턴 3〉

미래 기억에 대한 상기(想起) 실패: 미래의 일을 지금 결정하고 미래 시점에서 그때 정한 것을 기억해 내는 것에 대해 실패하는 현상이다. 예를 들어, 공장 점검 중에 점검하려고 했던 곳을 지나친 후 생각나는 경우가 있다.

전략적 관리 포인트로써 다음과 같은 방법들이 있다.

· 수차례의 다짐과 확인 등 강하게 의식화함

· '기대한다'라는 즐거운 감정을 가짐

· 결정한 일과 시간을 메모함

【실수(Mistake)】

지식이나 계획의 오류로 인해 발생하는 불안전 행동을 말한다. 이는 잘못된 정보를 기반으로 잘못된 판단이나 결정을 내리는 경우에 발생한다. Mistake는 주로 경험 부족, 교육 및 훈련의 부족, 정보의 잘못된 해석 등에서 비롯되는 경우가 많다.

실수는 올바른 규칙을 잘못 적용하거나 또는 잘못된 규칙을 적용하는 에러(rule-based mistake)와 잘못된 믿음, 과신, 과소평가 등에 의해 범하는 에러(knowledge-based mistake)로 구분할 수 있다.

예를 들어, 건설 현장에서 잘못된 설계 도면을 기반으로 시공한 경우가 여기에 해당한다.

전략적 관리 포인트로써 다음과 같은 방법들이 있다.

- 정보의 명확한 전달: 이해하기 쉬운 언어로 명확하게 매뉴얼과 절차서를 작성함
- 의사결정 지원 도구 사용: 프로젝트 계획 시 리스크를 철저히 분석하고 대비할 수 있는 도구 사용
- 체계적인 피드백 시스템: 실수가 발생했을 때 즉각적인 피드백을 제공하여 재발 방지
- 다층 검토 및 승인 절차: 중요한 결정이나 계획 수립 시 여러 단계의 검토와 승인을 거치도록 함
- 파일럿 테스트: 실제 도입 전에 작은 규모로 파일럿 테스트를 실시하여 오류를 최소화

03

위반의 탐색과 전략적 관리

"for Risk Zero Workplace!"

위반(violation)이란 무엇인가?

위반(violation)이란 규정, 법률, 규칙, 정책, 또는 표준 등을 따르지 않고 이를 어기는 행위를 말한다. 이는 명시적으로 정해진 규범을 무시하거나, 무지로 인해 준수하지 않음으로써 발생할 수 있다. 위반은 종종 작업 효율성 향상이나 개인의 편의를 위해 발생하며, 안전에 심각한 위험을 초래할 수 있다. 주로 아래와 같은 방식으로 이루어진다.

법률 위반(legal violation): 법률이나 규정을 어기는 행위.
(예) 교통법규를 어기는 행위나 기업이 환경 규제를 준수하지 않음
규칙(규정) 위반(rule violation): 특정 상황에서 적용되는 규칙을 지키지 않는 행위.
(예) 안전 절차나 규칙을 어김.
표준 위반(standard violation): 산업이나 기술 분야에서 정해진 표준을 따르지 않는 행위.

(예) 건설 현장에서 안전 표준을 무시함.

정책 위반(policy violation): 조직의 내부 정책이나 지침을 따르지 않는 행위.

(예) 회사의 보안 정책을 무시하고 비인가된 소프트웨어를 사용함

위반은 의도적일 수도 있고, 깜빡 잊어(비의도적) 발생할 수도 있다. 의도적인 위반은 보통 더 엄격한 처벌을 받으며, 깜빡 잊고(비의도적) 발생한 위반은 교육과 훈련 등을 통해 예방하려는 노력이 필요하다. 사업 현장에서의 위반 행위는 사람의 생명, 자산 보호, 조직의 신뢰성, 안전성, 그리고 법적 준수 여부에 큰 영향을 미칠 수 있기 때문에 이를 예방하고 관리하는 것은 매우 중요한 일이다.

위반(violation)의 이유

우리는 매일 횡단보도 앞에서 신호대기를 기다리는 보행자 입장이 되기도 하고, 운전자 입장이 되기도 하는데 주위에 사람이 있을 때와 없을 때 태도가 달라짐을 경험한다. 주위에 사람이 있을 때는 그렇다 치고, 없을 때 우리의 태도를 연상해 보자.

"그냥 갈까? 아니지 그래도 교통법규는 지켜야지!" 또는 "아무도 없는데... 그리고 지금 바쁘잖아. 에라 그냥 가자!"

"에라 그냥 가는" 경우를 의도적 위반 즉, 지식이나 계획의 오류가 없는 행동으로써의 위반이라고 할 수 있다. 또는 다른 생각에 몰두하다가 지나고 나서 보니 위반했음을 알게 되기도 하는데, 이런 경우가 바로 비의도적 위반 즉, 깜빡(Lapse)이다. 두 경우 모두 안전에 부정적 영향을 미치는 요인으로써 올바로 인식하고 관리해야 한다.

요인별로 나누어 구체적으로 살펴보기로 한다.

【상황적 요인】

위반 행위(violation)를 하게 되는 상황적 이유는 개인이 처한 특정 상황이나 환경적 요인에서 비롯된다. 이러한 이유를 이해하면 위반 행위를 효과적으로 예방하고 관리할 수 있을 것이다.

시간 압박

작업자가 정해진 시간 내에 작업을 완료해야 하는 압박을 받을 때, 규정을 무시하고 빠른 방법을 택하고자 하는 유혹에 빠질 수 있다.

(예) 생산라인에서 정해진 시간 내에 목표를 달성해야 하는 경우, 안전 규칙을 무시하고 작업을 빨리 끝내려는 경향이 있다.

▶ 전략적 관리 방법: 작업 일정과 목표를 현실적으로 설정하여 시간 압박을 줄인다. (시간 관리 개선)

자원 부족

필요한 자원(인력, 장비, 재료 등)이 부족할 때, 규정을 무시하고 작업을 완료하려는 시도를 하게 된다.

▶ 전략적 관리 방법: 필요한 인력과 장비를 충분히 확보하여 자원 부족 문제를 해결한다. (자원 확보)

업무 과다

작업량이 지나치게 많을 때, 작업자가 규정을 무시하고 효율성을 높이려고 시도한다.

(예) 과도한 업무를 맡은 직원이 규정을 무시하고 빠른 해결책을 찾으려는 경향.

▶ 전략적 관리 방법: 과도한 업무를 분담하고, 효율적인 업무 분배를 통해 과중한 부담을 줄여준다. (업무 분담)

불충분한 교육 및 훈련

작업자가 규정의 중요성을 제대로 이해하지 못하거나, 적절한 교육을 받지 못했을 때, 규정을 무시하게 된다. (의도하지 않는 위반)

(예) 신규 직원이 충분한 교육 없이 작업에 투입되어 안전 규칙을 지키지 못하는 경우.

▶ 전략적 관리 방법: 규정의 중요성을 강조하고, 정기적인 교육과 훈련(사례 중심, 토론식 등)을 통해 작업자의 인식을 높인다. (교육 및 훈련)

환경적 요인

작업환경이 열악하거나, 작업하기에 불편할 때, 작업자는 규정을 무시하고 더 편리한 방법을 선택할 수 있다.

(예) 작업 현장의 온도(덥거나 추워서), 정리되지 않아, 작업자가 편의를 위해 규정을 무시하는 경우.

▶ 전략적 관리 방법: 작업환경을 정리하고, 작업자가 규정을 준수하기 쉽게 환경을 개선한다. (환경 개선)

리더십의 부재

관리자가 규정 준수에 대한 명확한 지침을 주지 않거나, 규정 준수의 중요성을 강조하지 않을 때, 작업자들은 규정을 무시할 가능성이 높다.

(예) 현장 감독관이 규정 준수를 제대로 감시하지 않고, 이를 어기는 행위에 대

해 무관심한 태도를 보이는 경우.

▶ 전략적 관리 방법: 관리자가 규정 준수를 강조하고, 모범을 보이며, 지속적인 감시와 지도를 통해 작업자를 지도한다. (관리감독자 리더십 강화)

보상 체계의 문제

성과나 효율성에 대한 보상이 규정 준수보다 우선시될 때, 작업자는 규정을 무시하고 성과를 높이려 할 수 있다.

(예) 규정을 지키면 성과를 내기 어려운 구조에서, 작업자가 성과 보상을 받기 위해 규정을 무시하는 경우.

▶ 전략적 관리 방법: 안전제안을 장려하는 보상 체계를 마련하여, 작업자들이 규정을 지키면서도 성과를 낼 수 있도록 한다. (보상 체계 재정비)

긴급 상황

긴급한 상황에서 신속한 대응이 필요할 때, 규정을 무시하고 빠른 해결책을 택할 수 있다.

(예) 화재나 사고와 같은 긴급 상황에서, 정해진 절차를 무시하고 신속히 대응하려는 경우.

▶ 전략적 관리 방법: 긴급 상황에서도 규정을 준수할 수 있도록 사전에 계획을 세우고, 정기적으로 훈련을 실시한다. (긴급 대응 계획)

【심리적 요인】

위반을 하게 되는 심리적 이유는 개인의 내면적 동기, 감정, 그리고 인지적 과정과 관련이 있다. 이러한 심리적 요인을 이해하면, 위반 행위를 예방하고 관리하는

데 많은 도움이 될 것이다. 여기 주요 심리적 이유와 관리전략을 소개한다.

자기 효능감(self-efficacy)

자신이 특정 상황에서 성공할 수 있다는 믿음. 높은 자기 효능감을 가진 사람은 규칙을 무시하고도 성공할 수 있다고 생각할 수 있다. 전문가들이 쉽게 빠지는 함정이다. (자신감 과잉)

(예) 자신의 능력을 과신하여 안전 절차를 무시하고 더 빠르게 작업하려는 경향.

▶ 전략적 관리 방법: 자신감이 지나치지 않도록 팀 내 피드백과 점검 시스템을 도입한다.

위험 인식의 부족

위험을 제대로 인식하지 못하거나, 위험을 과소평가하는 경우.

(예) 작업 현장에서 발생할 수 있는 위험을 충분히 인지하지 못해 안전 규정을 무시하는 경우.

▶ 전략적 관리 방법: 작업자들에게 위험을 충분히 인식시키고, 교육을 통해 위험 관리의 중요성을 강조한다. (위험성 평가 참여 및 공유)

보상과 처벌의 기대

규정을 지키지 않음으로써 얻을 수 있는 보상이 더 크다고 느끼거나, 처벌의 가능성을 낮게 평가하는 경우.

(예) 규정을 어겨도 처벌받지 않을 것이라고 생각하고, 성과 보상을 더 중시하는 경우.

▶ 전략적 관리 방법: 규정 준수에 대한 명확한 보상 체계를 마련하고, 규정 위반

에 대한 처벌을 엄격하게 적용한다. (보상과 처벌의 명확화)

동료 압력(peer pressure)

근로자들이 동료들의 행동을 따르지 않으면 소외감을 느끼거나 부정적인 평가를 받을 수 있다는 압력을 느끼게 되어, 동료들이 규정을 무시하는 경우, 자신도 이를 따르게 되는 경우

(예) 동료들이 안전모를 착용하지 않으면, 자신도 착용하지 않게 되는 경우. (동조화 현상)

▶ 전략적 관리 방법: 팀 내에서 규정 준수 문화를 조성하고, 동료들 간의 긍정적 압력을 강화한다. (동료 압력 완화)

습관과 경험

오랜 기간 동안 규정을 무시해도 별다른 문제가 발생하지 않았던 경험이 쌓이면서, 이를 습관적으로 반복하게 되는 경우.

(예) 작은 위반이 쌓여 큰 사고로 이어질 위험이 있음에도, 과거에 문제가 없었다는 이유로 규정을 무시하는 경우.

▶ 전략적 관리 방법: 규정을 어기는 습관이 쌓이지 않도록 정기적인 점검과 교육을 통해 습관을 바로잡는다. (경험과 습관 개선)

인지 부조화(cognitive dissonance)

자신의 행동과 신념 사이에 불일치가 있을 때 이를 줄이려는 심리적 경향.

(예) 규정을 어기면서도 자신이 옳다고 믿기 위해, 규정을 무시하는 것이 더 효율적이라고 스스로 합리화하는 경우.

▶ 전략적 관리 방법: 작업자들이 규정을 지키는 것이 자신에게 이익이 된다는 믿음을 가질 수 있도록 교육하고, 지원한다. (인지 부조화 해소)

스트레스와 피로

스트레스나 피로가 쌓이면 판단력이 흐려져 규정을 무시하게 되는 경우.

(예) 피로로 인해 안전 규정을 지키는 것이 귀찮아지고, 빠른 작업을 선호하는 경우.

▶ 전략적 관리 방법: 스트레스와 피로를 줄이기 위한 프로그램을 도입하여, 작업자의 심리적 안정을 돕는다. (스트레스 관리)

개인적 성향과 태도

규칙을 따르는 것을 싫어하거나, 권위에 도전하는 성향을 가진 경우.

(예) 권위에 대한 반감으로 일부러 규정을 무시하는 경우.

▶ 전략적 관리 방법: 규정을 따르는 것이 중요하다는 인식을 심어주기 위한 심리적 지원과 상담을 제공한다. (개인적 성향 관리)

【사회심리적 요인】

위반 행위(violation)를 하게 되는 사회심리적 이유는 개인이 속한 사회적 환경과 심리적 상태에서 비롯된다. 이러한 이유를 이해하면 위반 행위를 예방하고 관리하는 데 도움이 된다.

사회적 승인(social approval)

특정 행동이 그룹 내에서 긍정적으로 인정받거나 보상받을 때, 그 행동을 따르려는 경향이 있다. 규정을 위반하는 것이 작업 효율성 향상으로 인식되면, 이를 긍정적으로 평가하는 분위기가 형성될 수 있다.

(예) 규정을 무시하고 작업을 빨리 끝내는 근로자가 칭찬을 받는 경우.

▶ 전략적 관리 방법: 안전을 최우선으로 하는 문화를 조성하여, 안전 규정을 지키는 것이 당연하게 느껴지도록 한다.

권위에 대한 복종(obedience to authority)

상사나 관리자가 규정을 무시하도록 지시하거나 압력을 가할 때, 근로자들은 이를 따르게 된다. 권위자의 지시에 따르지 않으면 불이익을 받을 수 있다는 두려움이 있기 때문이다.

(예) 상사가 작업속도를 높이기 위해 안전 절차를 생략하도록 지시하는 경우.

▶ 전략적 관리 방법: 관리자와 리더들에게 규정 준수의 모범을 보이도록 교육한다.

조직 정체성(group identity)

근로자들은 소속된 그룹의 정체성을 공유하고 유지하려는 경향이 있다. 그룹의 행동 규범이나 관행이 규정 위반을 포함할 때, 이를 따르는 것이 그룹의 일원으로서의 정체성을 유지하는 방법이 된다.

(예) 작업장에서 규정을 지키지 않는 것이 관행으로 자리 잡은 경우.

▶ 전략적 관리 방법: 안전 정책과 비전 및 핵심가치를 제정하여 공유하는 조직 분위기를 형성한다.

위험에 대한 과소평가(underestimation of risk)

반복적인 규정 위반에도 사고가 발생하지 않는 경험이 쌓일수록 규정의 중요성을 과소평가하게 된다.

(예) 여러 차례 안전 규정을 무시했으나 사고가 발생하지 않았던 경험.

▸ 전략적 관리 방법: 정기적으로 안전 점검을 실시하고, 규정 위반 사례를 파악
하여 피드백을 제공한다.

【경제적 요인】

근로자들이 비용 절감과 생산성 향상 문제에 직면할 때 안전 규정이나 절차를
무시하여 작업을 하려는 유혹에 빠지기도 한다. 이른바, 경제적 요인에 의한 위반
행위이다. 단기적으로 이익을 얻으려는 행위이다. 위반함으로써 입게 되는 손실
보다 얻게 되는 편익이 크다고 판단할 때 위반 행위는 더 적극적으로 이루어진다.
경제적 요인에 의한 위반의 경우, 조직이 원가절감이라는 명분으로 위반 분위기가
보편화되기도 한다.

비용 절감

보호장비를 착용하거나 안전 점검을 수행하는 시간이 절약되면, 작업속도를 높
이고 더 많은 작업을 수행할 수 있다. 또한 보호장비나 안전 장비를 사용하는 비용
을 절약할 수 있다. 이러한 절감은 특히 예산이 빡빡하거나 비용 절감 압박이 클
때 중요하게 작용한다.

▸ 전략적 관리 방법: 경영자의 안전의지가 가장 중요하다. 안전을 위한 적절한
장비 도입과 안전에 대한 중요성을 자각하는 바가 필요하다.

생산성 압박

성과에 따른 인센티브가 제공되는 기업문화가 중요시되는 경우에 위반 행위가

더욱 두드러진다. 성과 목표를 달성하지 못하면 인센티브를 놓치거나 불이익을 받을 수 있기 때문에, 규정을 무시하고 더 빠르게 작업하려는 유혹이 커진다. 적은 인력과 과중한 업무량이 안전 규정과 절차를 무시하는 요인이 된다.

▶ 전략적 관리 방법: 장기적으로 안전 문화가 잘 조성된 기업이 경영성과도 높다는 데 주목할 필요가 있다.

경쟁 압력

경쟁이 치열한 시장에서 비용을 절감하고 생산성을 높이는 것이 생존의 문제일 수 있다. 이를 위해 규정을 무시하고 더 효율적으로 작업하려는 유혹이 생긴다. 고객의 요구 사항을 충족시키기 위해 납기를 맞추는 것이 중요한 경우, 규정을 무시하고 작업속도를 높이는 것이 고객만족에 유리할 수 있다.

▶ 전략적 관리 방법: 선행적인 납기관리 체계를 구축함으로써 돌발납기 등을 최소화할 수 있다.

다음 표는 지금까지 언급한 내용들을 종합적으로 정리하여 현업에 활용할 수 있도록 정리한 것이다.

《안전관련 위반 행위 사례와 관리전략 · 정리》

위반 행위 사례	전략적 관리 방법
안전 장비 미착용 ▶ 사례: 건설 현장에서 안전모를 착용하지 않고 작업 ▶ 원인: 안전모가 불편하다는 이유로 규정을 무시	▶ 교육 및 인식 제고 　- 사례 중심 안전교육 ▶ 강력한 규정준수 문화조성 　- 규정준수 강조 및 리더의 모범행동 ▶ 감시 및 감독 강화 　- 정기적인 현장점검 및 모니터링 시스템
허가 없이 위험 지역 접근 ▶ 사례: 화학 공장에서 허가 없이 위험 구역에 들어가는 행위 ▶ 원인: 업무를 빨리 끝내기 위해 규정을 무시	
속도 제한 초과 ▶ 사례: 지게차 운전자가 지정된 속도 제한을 초과하여 운전 ▶ 원인: 시간 단축을 위해 속도를 높임	▶ 위반에 대한 엄격한 처벌 　- 징계절차 마련 및 위반행위 기록 유지 ▶ 인센티브 제도 도입 　- 규정준수에 대한 보상 및 안전제안 제도 도입 ▶ 편리한 절차 제공 　- 절차간소화 및 필요 장비 제공
안전 절차 무시 ▶ 사례: 전기 작업 중 전원을 차단하지 않고 작업을 수행 ▶ 원인: 절차가 번거롭고 시간이 오래 걸린다는 이유로 무시	▶ 심리적 안전 지원 　- 개방적 커뮤니케이션 및 심리지원 프로그램 도입

04

시스템 사고를 활용한 안전관리

"for Risk Zero Workplace!"

　"안전은 인간의 욕구에 기초한 본성과의 싸움"이라는데, 이번에는 좀 다른 차원에서 인간 본성을 탐구하고 안전관리에 적용할 수 있는 방법을 모색해 볼 것이다.

　사람의 뇌는 크게 3가지 기능을 담당하도록 구조화되어 있다.

· 뇌간(파충류 뇌): 생명/생존 → 동물의 뇌

· (대뇌)변연계(포유류 뇌): 감정 → 동물의 뇌

· 대뇌피질(영장류 뇌): 이성 → 인간의 뇌

뇌간(파충류 뇌): 생명/생존의 뇌

　뇌간, 흔히 '파충류 뇌'라고도 불리는 이 구조는 생명 유지와 관련된 기본적인 기능을 담당한다. 다음 그림에서 보는 바와 같이 이 뇌는 대뇌(뇌의 가장 큰 부분) 바로 아래에 위치한다. 뇌간의 역할을 좀 더 자세하게 알아보자.

　외부의 자극이 뇌에 전달되었을 때 가장 먼저 인식하고, 생존과 관련하여 반응하는 뇌가 바로 뇌간이다. 그러므로 뇌간이 자극을 받으면 오직 생존 모드만 작동한다.

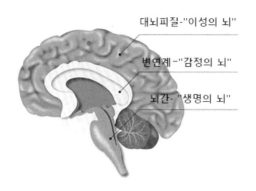

〈사람 뇌의 구조〉

현장에서 화재가 발생하여 비상상황에 직면하게 되면 가장 먼저 비상구가 어디 있는지 생각하고 피신 행동을 하는 것은 뇌간이 자극을 받기 때문이다. 비슷한 예로써, 작업자가 조장이나 관리감독자 앞에 불려가 야단을 맞을 때 뇌는 이 상황을 위기로 받아들이고 어떻게 하면 빨리 이 상황에서 벗어날 것인가에 온 신경을 집중하게 된다. 이는 현장 근로자의 불안전 행동을 보았을 때 꾸짖는 행위보다는 차분하게 설명하거나, 질문 방식으로 다가가는 게 효과적일 수 있다는 것을 입증해 주는 대목이다.

(대뇌)변연계(포유류의 뇌): 감정의 뇌

외부의 자극이 생존에 부정적인 영향을 주지 않는 것으로 판단되면 자극은 포유류의 뇌(대뇌변연계)로 전달된다. 대뇌변연계는 대뇌의 중앙 부분에 위치하며, 대뇌의 여러 구조들로 구성된 복합적인 시스템으로써 감정, 기억, 동기부여, 생존 본능 등을 조절하는 기능을 담당하는 부분이다. 이 뇌가 자극을 받으면 관계지향적으로 작동한다. 즉, 전개되는 상황에서 자신에게 이로운 대상과 해로운 대상을 구분함으로써 상호 협력하여 공동목표를 달성할 것인가 아니면 싸워 이길 것인가를 판단하게 된다.

대뇌피질(영장류의 뇌): 이성의 뇌

세 번째 단계인 대뇌피질(영장류의 뇌)은 이성과 도덕을 담당하는 뇌로써 주로 인지 기능, 감각 처리, 운동 조절, 언어, 기억, 각성 등을 담당한다. 대뇌피질 이야말로 가장 인간적인 뇌라고 할 수 있는데, 이 영장류의 뇌가 올바로 작동하려면 그 사람이 처한 상황이 우호적이며 협력적인 분위기여야 한다는 전제가 필요하다. 만일에 적대적인 환경 속에 있다면 그 사람은 생존 본능만이 작동함으로써 자신에게 이익이 되는 쪽으로만 행동하려고 하기 때문이다.

뇌의 구조에 대해 대강 이해했으므로 이제부터는 안전관리 시스템과 어떻게 연동하여 활용할 것인지에 대해 살펴볼 차례다.

동물의 뇌(포유류의 뇌와 파충류의 뇌)는 원래 스스로 통제하는 힘이 약하다. 순간의 욕구대로 행동하는 특성을 갖는다. 작업 현장에서 안전 규정이나 절차를 지키지 않고 제멋대로 행동하거나, 불편한 것을 참지 못하는 행태를 보이는 것은 바로 동물의 뇌가 갖는 특성이 그렇기 때문이다. 만일에 모든 작업자가 자기가 원하는 대로 행동한다면 결코 조직이 원하는 작업성과를 달성하기 어려울 것이며, 현장은 늘 위험한 상황이 전개될 것이 불을 보듯 뻔하다. 그래서 현장은 동물의 뇌를 제어하는 장치(행동통제 시스템)가 필요한 것이다. 운전을 하다 보면 길바닥에 '유턴금지'라는 표시가 눈에 띈다. 위험하기 때문에 만들어 놓은 조치일 것이다. 그런데 운전자들은 편리성 때문에 늘 불법 유턴을 감행하면서 사고를 유발한다. 결국 교통 당국은 말뚝을 박아 유턴을 할 수 없는 조치를 취함으로써 위험요인을 제거하게 된다. 간혹 현실에 맞지 않는다고 아우성치기도 하지만 안전 관련 제도, 규정, 규칙, 절차 등이 존재하는 이유는 바로 동물의 뇌의 본성을 제어함으로써 위험을 감소시키고자 하는 노력이라 할 수 있겠다.

규정, 규제, 규칙, 절차 등을 즐거움으로 맞이할 사람이 과연 얼마나 존재할까? 인간의 뇌(영장류의 뇌)는 원래 누구로부터 속박당하거나, 상황에 억압받는 것에 대해서는 극도로 싫어하나, 성장하고자 하는 욕구에는 매우 친화적이다. 인간의 성취 욕구가 가장 빛날 때는 직면한 문제를 해결하기 위해 자기 스스로 판단하고 결정할 때이지 간섭하고 강요할 때가 아니라는 뜻이다.

즉, 작업자에게 근본적으로 필요한 것은 자기 결정권이지, 이래라저래라 간섭하는 조직 분위기나 상사의 질책일 수 없다는 얘기다.

댁의 자녀가 휴일에 고생하는 엄마를 도와주기 위해 집안청소를 하려고 마음먹고 있는데, 엄마 왈, "○○야, 제발 청소 좀 해라."라는 말을 들었을 때의 기분을 상상해 보라.

조직은 작업자들이 지속적으로 성취동기가 유지되도록 자극하는 체계(몰입지원 시스템)를 구축해야 할 것이다.

몰입지원 시스템을 통한 안전관리

우리는 인간의 뇌(영장류의 뇌)가 누군가(무엇인가)로부터의 간섭과 통제를 질색하기도 하지만, 통제하지 않으면 유혹에 빠져 문제행동을 야기하는 동물의 뇌(포유류의 뇌와 파충류의 뇌)를 동시에 갖고 있다는 것임을 알고 있다.

현장은 이미 이 두 가지 뇌의 속성을 고려하여 안전관리에 적용하고 있음을 많이 발견할 수 있는데, 행동 통제 시스템은 넛지(nudge, 행동경제학)라는 용어로 이미 우리 사회에 소개되고 있다. 그렇지만 행동 통제 시스템만으로는 안전관리 목표를 달성하는데 한계가 있을 수밖에 없다. 그것으로 모든 문제가 해결되지는 않는다는 것이 최근의 움직임이다. 규제는 또 다른 규제를 낳고, 새로운 규제가 나올 때마다 규제의 강도는 이전 것보다 더 세질 수밖에 없다. 그 궁극이 아직도 논란이 많은 중대재해처벌법이다. 법 시행 이후 현장의 사건 사고는 과연 줄어들고 있는 것인가?[40]

2014년 이후 최근 8년간 우리나라 사고사망만인율이 0.4~0.5 수준에서 정체하고 있는 실정이다. 이는 과거 몇 년간에 비해 낮은 수치이긴 하나 OECD 평균 수준 (0.29)에는 훨씬 못 미치는 수준이다. 고용노동부는 그 원인에 대해 다음과 같은 분석 결과를 내놓았다.

· 기업 스스로 위험요인을 발굴·제거하는 예방체계 미비
· 현장의 변화를 이끌지 못하는 법령 및 행정
· 산업안전보건 책임을 내가 아닌 다른 사람의 일로만 인식하는 관행
· 미성숙한 안전의식과 문화

이에 따라 정책 패러다임을 기존의 '처벌과 감독 중심'에서 '자기규율 예방체계' 방식으로 전환하고 있다. 변화된 정책의 효과가 얼마나 날지는 모르지만 어쨌든 행동 통제 시스템 방식만으로는 한계를 인정하고 있음은 분명해 보인다.

---

40) 국회 과학기술정보방송통신위원회 소속 홍석준 의원이 고용노동부로부터 제출받은 자료에 따르면, 산업재해 재해자수는 2021년 12만2,713명에서 2022년 13만348명으로 2022년 1월 중대재해처벌법 시행 이후 오히려 7,600여명 증가했다. 산업재해 사망자수 역시 140여명 증가했다. 출처:https://www.guktonews.co.kr/1171

몰입지원 시스템을 통한 안전관리 방식과 병행하는 것으로 문제해결에 좀 더 가까이 다가갈 수는 없을까?

우리 뇌의 속성상 통제적 상황을 피할 수는 없지만 자기 결정권을 통한 성장 욕구를 자극하는 전략을 사용하여 안전목표를 관리하는 길을 찾아보자.

· 적용 사례 1. 안전 포인트 적립제도

근로자들이 안전 규정을 준수할 때마다 포인트를 적립해주는 시스템이다. 누적된 포인트로 상품이나 보너스를 교환할 수 있도록 한다. 모범 근로자에게 시상하듯, 안전 규정을 잘 지키는 근로자를 선정해 정기적으로 여러 직원들 앞에서 시상하고, 보너스나 선물을 제공한다.

· 적용 사례 2. 즉각적인 피드백

근로자가 안전 규정을 준수하거나 안전 행동을 보일 때 즉시 칭찬하고 인정해준다. 관리자나 감독자는 현장에서 근로자들의 행동을 주의 깊게 관찰하고, 긍정적인 행동을 보일 때 즉시 피드백을 제공한다.

· 적용 사례 3. 과정중심 안전목표관리

귀사의 안전 성과목표(KPI)가 어떤 방식으로 설계되고 있는지 궁금하다. 혹시 '사고율 제로' 또는 '○○사고 전년 대비 50% 감소' 등과 같은 형태로 관리되고 있지는 않은가?

공교롭게도 새해가 시작되는 첫날 사고가 발생한다면 그 해의 안전 성과목표는 이미 달성하지 못한 것이 된다. 이런 관리방식을 Safety Ⅰ 관리라고 하는데, 예측

불가능하고 후행적인(결과중심) 관리방식이다. 안전 관련 성과지표를 새롭게 설계해야 할 이유다.

이제 안전부문 성과목표 설정 방식을 결과중심(output-oriented)에서 과정중심(process-oriented)으로 바꿔야 한다. 즉, 활동중심과 선행관리에 초점을 둔 안전관리 방식인 Safety II로 전환함으로써 근로자들의 안전동기가 활성화될 수 있도록 해야 할 것이다.

안전관리를 실패를 피하는 방식이 아닌 성취하는 방식으로 바꿔보자. "줄이는 것, 없애는 것"과 같은 부(負)(-)의 가치가 아니라 생산성·품질·고객만족 등과 같이 "향상되는 것, 좋아지는 것"과 같은 정(正)(+)의 가치가 중심이 될 수 있도록 해야 한다. 그렇게 되면 안전 성과지표는 자연스럽게 "안전관찰 참여비율·안전행동 비율·안전 제안 건수·개선 건수" 등과 같이 되는 것이다.[41]

《Safety I 과 Safety II 의 비교표》

구분 / 관리요소별	Safety I	Safety II
성과지표	줄이는 것, 없애는 것 (예) 무재해, 전년 대비 ○○% 감소	향상되는 것, 좋아지는 것 (예) 제안 건수, 개선 건수
지향점	과거	미래
시각	후행적	선행적
항목선정	허용 불가 항목	허용 항목
예측 가능성 여부	예측 불가	예측 가능
사고에 대한 태도	숨김, 축소, 안일	공개, 공유, 경계
리더십 스타일	질책, 비난, 경고, 벌금, 주의	칭찬, 인정, 긍정 피드백, 보상

41) 문광수 & 이종현, 안전이 묻고 심리학이 답하다, 좋은땅, 2022.

05

안전의 패러독스:
재해가 없으면 무조건 좋은 것(?)

"for Risk Zero Workplace!"

사고가 없다는 것이 과연 안전관리를 잘하고 있다는 증표일까? 그럴 수도 있고 아닐 수도 있을 것이다. 우리가 주목해야 할 부분은 안전관리를 잘하고 있지 못하는데도 불구하고 어쩌다 운이 좋아 사고가 비켜 가고 있는 경우이다. 그러나 사고는 반드시 일어나게 되어 있다. '우연'이 언젠가 '필연'으로 바뀌는 것이 사고의 특성이기 때문이다. 결과중심 안전관리 접근법의 문제가 바로 여기에 있다.

여기에서는 안전의 패러독스(paradox) 즉, "사고가 없는 것이 무조건 좋은 것인가?"라는 질문에 대해 살펴보기로 한다. 안전 패러독스 측면에서 보면, 사고가 전혀 발생하지 않는 상황이 꼭 긍정적인 것이 아닐 수 있음을 시사한다. 다음과 같은 이유들 때문이다.

위험에 대해 자각하지 못함

사고가 전혀 발생하지 않는 상황이 장기간 지속되면 근로자들이나 조직이 위험을 간과하거나 과소평가할 가능성이 높아진다. 이로 인해 긴장이 풀리고, 안전 절차를 소홀히 하게 되어 오히려 더 큰 사고를 초래할 수 있다.

한 공장에서 오랜 기간 사고가 없으면, 근로자들이 안전 장비를 착용하지 않거나, 안전 규정을 따르는 것을 귀찮게 여길 개연성이 높아진다. 이는 결국 작은 부주의가 큰 사고로 이어질 가능성을 높이는 요인으로 작용한다.

학습 기회의 부족

사고나 아차 사고 등은 안전 절차와 시스템의 취약점을 발견하고 개선할 수 있는 기회를 제공하게 되는데, 사고가 전혀 발생하지 않으면 이러한 학습 기회가 사라지며, 시스템의 결함이나 잠재적인 위험 요소가 그대로 남을 수 있다.

작은 사고가 발생하면 원인 분석을 통해 문제를 찾아내고 개선할 수 있지만, 사고가 전혀 없으면 이러한 분석과 개선의 기회가 적어져 어디에 위험요인이 있는지 확인하기 어려워진다. 위험요인 관리 초점이 흐려지거나 사라지는 것이다.

안전에 대한 자만심

장기간 사고가 발생하지 않으면, 조직은 현재의 안전시스템이 완벽하다고 착각할 수 있다. 이로 인해 경영자의 안전의지가 약화됨과 동시에 관련 예산이 감소하고, 새로운 위험에 대한 대응이 늦어지는 결과를 초래할 수 있다.

여러 해 동안 사고가 없었던 건설 회사가 안전 교육과 장비 업그레이드에 소홀해졌고, 결국 새로운 기술이나 환경변화에 제대로 대응하지 못해 대형 사고가 발생할 위험이 커질 수 있음을 명심해야 할 것이다.

왜곡된 기록관리

현장에서 사고가 없는 것처럼 보이지만, 결과 중심의 안전관리 패턴이 지속하는 한 보고되지 않거나 은폐된 사고가 있을 수 있다. 사고 기록에 대한 왜곡 현상이다. 이런 현상이 지속되면 조직문화로 굳어져 전반적인 관리시스템 결함으로 문제가 확대될 수 있다.

사고 보고가 곧 불이익으로 작용할 때, 근로자들은 사고를 숨기거나 축소 보고하는 현상이 이를 뒷받침한다. 실제로는 사고가 존재하지만, 기록상으로는 없는 것처럼 보이게 되어, 누적되면 큰 문제를 야기하게 된다.

안전과 생산성의 균형

모든 사고를 예방하려는 과도한 안전조치가 궁극적으로 작업 효율을 떨어뜨려, 생산성에 부정적인 영향을 미칠 수 있다. 따라서 기업의 제반 경영 목표(생산성, 품질, 납기, 고객 만족, 매출, 이익 등)와 안전목표 사이의 균형점을 찾는 노력이 병행되어야 할 것이다.

지나치게 엄격한 안전 절차로 인하여 작업속도가 크게 떨어진다면, 그것 또한 바람직한 현상은 아니다. 자칫 근로자들이 이를 악용하고자 하는 유혹에 빠질 수 있음을 고려해야 한다. 이 때문에 오히려 경영이 더 큰 위험에 직면할지도 모른다.

위에서 언급한 여러 내용에 따르면, 사고가 없는 상태가 무조건 좋다고 얘기할 수 없음을 알 수 있다. 어쩌면 작은 사고나 아차 사고 등을 경험함으로써 일상에서 위험을 자각하고, 안전시스템을 지속적으로 개선하는 것이 더 중요한 일일지도 모른다. 이를 통해 조직은 더 안전하고 효율적인 작업환경을 구축할 수 있을 것이다.

안전 패러독스는 완벽한 안전을 추구하는 것보다, 지속적인 학습과 개선을 통해 현실적인 안전수준을 유지하는 것이 필요하다는 점을 강조하고 있다. 과정 중심 (process-oriented)의 안전관리가 안전 패러독스(paradox)의 문제를 해결할 수 있는 하나의 도구가 될 수 있음을 암시하는 대목이다.

참고문헌

고마츠바라 아키노리, 인적오류, 세진사, 2016.

김동원, 도시철도 운전직무의 인적오류 감축방안(박사학위논문), 서울과학기술대학교, 2019.

나카타 도오루, 휴먼에러를 줄이는 지혜, 인재NO, 2015.

문광수 외, 안전이 묻고 심리학이 답하다, 좋은땅, 2022.

사가라 나미카, 비즈니스맨의 필수 교양 행동경제학, 잇북, 2024.

사단법인 한국안전심리개발원, 행동기반 안전관리 가이드북, 2017.

안성훈, 2023, 건설 현장의 안전의식 수준이 건설근로자 휴먼에러에 미치는 영향, 한국건축시공학회지, Vol. 23. No. 4, P.477-484.

이선희 외, 화학산업 안전풍토(Safety Climate) 조성방안 마련, 안전보건공단, 2020.

이선희 외, 중대재해 예방을 위한 사업장의 안전풍토 진단 및 지원연구, 안전보건공단, 2021.

이선희 외, 안전문화 길라잡이 1, 안전보건공단, 2021.

이선희 외, 안전문화 길라잡이 2, 안전보건공단, 2021.

이용희, 고신뢰도 시대를 위한 인적오류 3.0 개념과 적용, 대한인간공학회, 2015.

이용희, 4차 산업혁명에 따른 인적오류 연구의 방향과 과제, 대한인간공학회, 2019.

정일봉, SHEL 모형 기반 철도사고 유형별 요인분석을 통한 사고 위험 저감방안(박사학위논문), 서울과학기술대학교, 2019.

정진우, 안전심리, 교문사, 2022.

정진우, 안전문화_이론과 실천, 교문사, 2023.

정진우, 위험성평가 해설, ㈜중앙경제, 2017.

한국산업안전공단(2002), 불안전 행동과 종합 휴먼에러 방지 기술, P.8.

한국산업안전보건공단(2020), 사고와 로또의 공통점, 안전보건 이슈리포트 제2호, P.9.

Rhona Flin 외, 현장의 안전향상을 위한 비기술적 역량 가이드, 세진사, 2019.

Geller E. Scott(2001), The psychology of safety handbook, Boca Raton, FL : Lewis Publishers, c2001, Florida.

Wilde, G. J. S. (1982), The Theory of Risk Homeostasis: Implications for Safety and Health, Risk Analysis, 2(4) p209-225.

https://www.guktonews.co.kr/1171.

제6장

관리감독자 안전 리더십

01

현장 안전의 최전선

"for Risk Zero Workplace"

안전관리 감독자, 그는 누구인가?

2023. 4. 13. 자동포장기 롤 교체작업 중 롤과 프레임 사이에 끼임 사고로 인해 작업자 1명이 사망했다.

2023. 4. 16. 이물질 제거 작업 중 롤과 실린더 사이에 끼임 사고로 인해 작업자 1명이 사망했다.

2023. 5. 14. 경북 영천, 적재 작업 중 화물차량과 지게차 사이에 끼임 사고로 인해 작업자 1명이 사망했다.

사고조사 결과, 첫 번째 경우는 관리감독자가 해당 작업에 수반되는 유해·위험 요인을 인지하지 못한 상태에서 작업을 수행했기 때문이고, 두 번째와 세 번째 경우는 관리감독자가 해당 유해·위험요인을 인지하고 있었으나 안전조치가 이행되지 않은 상태에서 작업을 수행하도록 해서 발생한 것이란다.

안전 문제에 있어서 관리감독자는 작업 현장의 최전선이다. 그의 생각과 일거수

일투족은 현장 근로자의 안전과 건강, 그리고 생명을 좌우할 만큼 막대하다. 군대의 경우를 빌려 얘기하자면, 소대장 정도의 계급에 해당하는 초급관리자이니 "돌격 앞으로!"를 외치는 자다.

경영조직에서는 생산과 관련되는 업무와 그 소속 직원을 직접 지휘·감독하는 부서의 장 또는 그 직위를 담당하는 자를 말한다.

특별히, 안전과 관련되는 관리감독자는 생산과 관련되는 업무를 수행하는 부서에서 생산을 담당하는 근로자를 직접 지휘, 감독하는 업무를 수행하는 사람이다.

사업장에서 안전과 보건의 문제는 생산 활동과 분리하여 생각할 수 없다. 산업안전과 보건의 실효성을 확보하기 위해서는 사업장에서 생산 활동의 중심인 관리감독자가 해당 작업의 특성을 가장 잘 이해하고 있어야 한다. 따라서 회사는 그에게 작업자들을 직접 지휘, 통솔하고 안전보건에 관심을 갖도록 책임을 부여하고 있다.

안전활동 롤 모델로서의 관리감독자

바닷가 갯벌에 가 보면 온몸에 진흙을 잔뜩 묻히고 떼로 몰려다니는 게들을 많이 보게 된다. 게에 얽힌 재미있는 일화가 있는데, 어미가 그 새끼들에게 교훈처럼 늘 들려주는 얘기이다.

"나는 비뚤게 걸어도 너희들은 똑바로 걸어야 한다."

원래 비뚤게 걷는 것이 게의 특징인데 어미가 볼 땐 새끼들이 자기처럼 걷는 게 보기가 싫었나 보다. 그래서 나온 얘기다.

어미가 똑바르게 걷는 모습을 보면 자연히 새끼들도 어미를 따라 걸으련만….

어른이 된 자가 자기는 별로 모범적인 삶을 살지 않으면서 아이들에게는 "너희들은 열심히 해서 훌륭하게 잘 살아야 한다." 라면 누가 그 어른을 존경하고 따르겠는가?

용장 밑에 약졸이 없듯이 위대한 리더 밑에 훌륭한 부하들이 있음은 너무도 당연한 이치다.

현장 관리감독자는 경영자가 결정한 기본 방침이나 계획을 기초로 중점시책을 정하고, 항목에 따라 구체적으로 현장에 적용하는 책임을 갖는다. 관리감독자가 안전의식이 부족한 나머지 자신은 불안전한 행위를 밥 먹듯 하면서 부하직원들에게만 안전한 작업을 강조한다면 현장 분위기가 어떨까? 그리고 안전관리를 강조하면서 생산성과 효율성만을 앞세운다면 부하직원들에 대한 리더십 영향력을 행사할 수 없을 것이다.

관리감독자는 사람을 중시여기고, 존중하는 마음으로 함께 일하는 동료들을 따뜻하게 살피는 것이야말로 가장 기본적인 자질이다. 이와 별개로 안전의 문제에서만은 본인부터 칼같이 준수하여 부하 직원들에게 본을 보임으로써 안전문화를 만들어가는 데 앞장서야 할 것이다.

따뜻한 가슴과 차가운 머리를 가진 관리감독자의 모습을 기대해 본다.

관리감독자의 핵심 역량

관리감독자에게 필요한 역량 중 제1순위는 무엇일까?

오랜 경험 끝에 내린 결론, '관계 역량'이라고 감히 말하고 싶다. 실제로 관계 역량은 비단 관리감독자에게만 필요한 역량은 아니다. 사람이 살아가는 세상에서 '관계'를 제외하고 나면 즐거움을 줄만한 게 별로 없을 정도로 그 힘은 대단하다.

독자들 나름대로 생각해 보기를 바라면서 몇 가지 질문을 던져본다.

집에 돈은 많은데 가족끼리 관계가 안 좋으면?

집안이 어둡다.

우리 회사 제품은 좋은데 고객과 관계가 안 좋으면?

매출이 안 오른다.

팀장이 업무(기술적)능력은 탁월한데 팀원과 관계가 안 좋으면?

팀 성과가 안 오른다.

교사가 실력은 좋은데 학생들과 관계가 안 좋으면?

존경받지 못한다.

대체로 인간 사회에서 일어나는 문제의 근원을 따져보면 대부분 관계가 시원치 않아서 생긴다는 사실을 이해하겠는가? 오늘 이 순간에도 관계가 시원치 않아 생기는 부작용들로 세상이 시끄럽다.

그렇다면 관계를 이끄는 수단은 무엇일까? 커뮤니케이션이다. 관리감독자여, 귀하의 커뮤니케이션 역량이 바로 현장의 안전과 행복도를 결정하는 중요한 요소임을 아는가?

기술적 능력만을 내세우는 관리감독자에게 추가적으로 습득해야 할 영역이 있다면 관계기술이요, 커뮤니케이션 역량이다.

근로자들과의 원활한 관계를 위한 커뮤니케이션을 원할 때 최우선적으로 구비해야 할 조건이 있다. 상대에 대한 존중의 마음가짐이다. 그들도 관리감독자와 동일하게 누구의 배우자요, 어느 가정의 가장이라는 사실을 결코 잊지 않아야 한다.

요즘 현장 안전 리더십 교육훈련에서 중요한 주제로 떠오르는 것이 코칭스킬(coaching skill)인데, 거기서 주로 다루는 내용이 커뮤니케이션 기술이다. 코칭 리더십에 대해서는 뒤에서 별도의 주제로 자세하게 다룰 것이다.

관리감독자는 소규모 집단의 경영자로서 그 역할을 수행할 때 또 하나의 역량이 필요하다. 동기부여(motivation) 역량이다.

동기부여의 출발은 근로자 개인들의 특성을 구체적으로 파악하는 것이다. 구성원 중에는 의사결정 참여에 소극적인 사람이 있는가 하면, 자신의 주장을 적극적으로 개입하고자 하는 사람도 있다.

변화를 쉽게 수용하는 사람이 있는 반면, 강하게 저항하는 사람 등 다양한 사람들도 많다. 특히, 안전관리 그 자체를 업무에 대한 간섭이라고 여기는 사람도 있다.

다양한 유형의 사람들에게 동기를 부여하는 일은 결코 쉬운 일이 아니다. 상대의 특성에 따라 다른 접근 방식이 필요하기 때문이다.

직원들의 능력이나 성격에 맞추어 적절하게 업무를 담당하도록 조치하고, 개개인별로 다른 리더십 스타일을 적용해야 한다. 동기부여의 질을 결정하는 것도 엄격하게 따지고 보면 커뮤니케이션 문제라는 사실을 알게 되면 이래저래 관리감독자에게 필요한 알파와 오메가(처음과 끝)는 커뮤니케이션 기술임에 틀림이 없다.

02

관리감독자 코칭 리더십

"for Risk Zero Workplace"

왜 코칭리더십인가?

A씨.

기술적으로든 업무적으로든 완벽하여 사내에서 똑똑한 관리감독자로 정평이 나 있다. 그래서 그런지 그는 간혹 현장의 문제가 발생할 경우 부하직원들의 실수와 부족함을 나무라면서, 뽐내듯 가르치고 설명하려는 자세가 두드러진다.

B씨.

기술적으로든 업무적으로든 보통의 수준인데, 자신의 부족함을 알고 겸손한 자세로 꾸준히 배우려고 노력하는 한편, 부하직원들의 애로사항을 청취하려고 하며 현장에 문제가 발생하면 부하직원들과 함께 해결하려는 자세를 보인다.

어떤 조직이든 두 부류의 관리감독자가 존재하는데, 그런데 희한하게도 실력이 출중한 A씨에게 즐거운 마음으로 다가가려는 부하들이 적다. 반면에 B씨 주변에는 늘 부하직원들이 들끓고, 웃음이 끊이지 않는다.

왜 그럴까?

이유는 간단하다. A씨는 설명하는 리더이고, B씨는 경청하는 리더이기 때문이다. 부하직원들은 "A씨 앞에만 서면 나는 왜 작아지는가?" 라는 마음에 불편함이 있지만, "B씨 앞에만 서면 그래도 나는 쓸 만한 사람"이라는 자존감이 살아난다.

일반적으로 A를 설명형 리더, B를 코칭형 리더라고 하는데 어느 쪽이 무조건 좋다고 말할 수는 없다. 분명히 장단점이 존재하는데, 개인의 인권이 존중받아야 하고 조직의 형태가 수평화되는 오늘날의 상황에 걸맞은 것은 아무래도 코칭형 리더십이라 할 수 있겠다.

코칭의 3가지 철학

코칭은 다음의 3가지 철학[42]에 바탕을 두고 있다.

제1 철학: 모든 사람에게는 무한한 가능성이 있다.

제2 철학: 그 사람에게 필요한 해답은 모두 그 사람 내부에 있다.

제3 철학: 해답을 찾기 위해서는 파트너가 필요하다.

먼저 제1 철학(모든 사람에게는 무한한 가능성이 있다)에 대해 생각해 보자. 지금 이 책은 읽는 독자가 현장의 관리감독자라고 가정하여 질문을 던져보겠다.

"귀하께서는 함께 일하는 부하직원들을 진정으로 신뢰하는가?"

자신의 지나친 간섭이 부하직원들의 성장에 장애가 되고 있지는 않은가? 본서를 집필하는 기간 중 축구 아카데미를 운영하는 모 유명 감독이 아이들에게 욕설과 신체적 학대를 했다는 이유로 세상이 온통 시끄럽다.

---

42) 에노모토 히데타게, 마법의 코칭, 새로운 제안.

예전 같았으면 그런 형태의 교육과 훈련 방식이 일반적인 관행처럼 여겨졌기에 대수롭지 않은 일이었을지 모른다. 하지만 시대가 바뀐 오늘날에 통용되는 방식이라고 보기는 어렵다. 어쩌면 감독의 지나친 욕심과 성급함이 그런 결과를 만들어낸 건 아닐까. 아무리 선한 목적이라 할지라도 과정이 시원치 않으면 목적 달성이 무슨 의미가 있을까 싶어 씁쓸함을 떨치기 어렵다. 인간의 성장이 반드시 그런 방식에 의해서만 이루어지는 것은 아닐 것이기 때문이다. 훈육도 지나치면 학대가 될 수 있음을 명심해야 한다. 그리고 세상에 선한 목적으로 이루어지는 체벌이란 없다.

동양에서 인간을 보는 두 가지 관점이 있다. 하나는 성악설이요, 다른 하나는 성선설이다. 이것이 서양에서는 X이론과 Y이론으로 둔갑했다. 요지는 이렇다.

성악설(X이론)은 "인간은 원래 게으르고, 수동적이어서 명령하고, 통제하고, 일일이 간섭해야 제대로 움직이는 존재이다."에서 출발한다. 이처럼 믿을 수 없는 존재이기 때문에 그에 걸맞은 리더십을 통하여 조직의 목적을 달성함이 옳다는 쪽이다. 때로는 욕설, 비난, 비평, 처벌 등이 유효하다는 입장이 나온 배경이다.

반면에 성선설(Y이론)은 "인간은 원래 근면하고, 알맞은 조건과 환경이 제공되기만 하면 자발적으로 행동하고 원하는 바를 달성하고자 하는 의지가 있다."는 쪽에 선다. 인간에 대한 긍정적 믿음이 깔려 있다. 대표적인 관리 수단으로써 공감, 경청, 칭찬, 격려 등을 권장한다.

필자 역시 예나 지금이나 누군가로부터 잔소리, 간섭, 비난, 비평, 비판의 말을 들으면 감정이 상하고 하던 일도 때려치우고 싶어진다.

반면에 내 얘기에 귀를 기울여 주고, 칭찬, 격려, 인정의 말을 들으면 세상을 얻은 느낌이 든다.

이런 현상이 아직은 철이 덜 들었다는 아이들에게만 적용되는 것일까? 그렇지 않다. 성인에게도 예외 없이 적용되는 원리다.

오늘날 현장 관리감독자는 어떤 쪽에 서는 게 좋을까? 당연히 성선설(Y이론) 쪽에 서야 한다. 헬퍼로서의 역할이 아니라, 서포터의 역할로서 리더십을 행할 것을 권장하고 싶다. 헬퍼는 쉬운 길이지만, 서포터는 기다리고 인내하며 함께 가는 길이기에 어려운 길이다.

제2 철학(그 사람에게 필요한 해답은 모두 그 사람 내부에 있다)은 어떤가?

이 말이 과연 사실일까? 스스로에게 물어 보라. "나는 과연 내게 필요한 해답을 모두 가지고 있는가?"

아니다. 그러나 분명한 것은, 누구든 자기가 맡고 있는 분야에 관한 한 해답을 찾아야 할 동기가 생긴다면 탐구하고 답을 찾아낼 의지는 있다.

우리는 종종 어떤 문제에 대해 "나에게는 해결책이 없다"는 이유로 전문가에 의존하고, 상사의 지시가 정답이라고 믿고 무조건 따르려는 속성을 가지고 있다. 옳은 자세가 아니다.

누구에게 종속된 인간은 '누구' 이상의 수준에 도달할 수 없음을 명심해야 한다. 관리감독자여, 이제부터 부하직원들에게 정답을 손에 쥐어주어야 한다는 강박에서 벗어나라. 더 나은 정답이 있을 수 있다는 생각은 왜 못하는가?

답을 주기 전에 "부하직원에게 필요한 해답은 모두 부하직원 내부에 있다"는 믿음을 가져 보자.

관리감독자는 헬퍼가 되려고 하기보다는 서포터가 됨으로써 부하직원의 역량을 키워줄 책임과 의무가 있는 사람이다. 진정한 의미의 임파워먼트(권한 위양)이 이루어지려면 '제2 철학'에 천착해야 한다.

전문가도 상사도 전능하지 않다. 인간으로서 한계를 지니며, 오류가 있을 수밖에 없기는 마찬가지다. 세상에 우리가 얻고자 하는 정답에 이른 것은 무엇도 없다. 그러니 제발 가르치려 하지 마라. 대신, 질문하라.

제3 철학(해답을 찾기 위해서는 파트너가 필요하다)에 대해 얘기할 차례다.

좋은 리더는 답을 주지만 위대한 리더는 질문을 던진다. 관리감독자인 귀하께서 지금은 좋은 리더라고 여기고 있다면, 앞으로 위대한 리더가 되기 위해 도전해 보면 어떨까? 그렇다면 질문하는 방법을 배울 일이다. 답을 주는 일은 자신이 알고 있는 것을 전달하는 행위이므로 쉬운 쪽에 속한다.

질문하는 법을 시간을 내어 배워 본 적이 있었던가? 지시하고, 명령하고, 통제·간섭하는 문화에 익숙한 사람에게 '질문'이란 귀찮고 한가한 선비들에게나 해당하는 것이라는 생각에 빠지기 쉽다. 그렇지만 언제까지 매번 문제가 생길 때마다 지시, 명령, 비난, 잔소리, 가르치기 등으로 세월을 보낼 것인가?

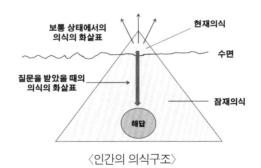

〈인간의 의식구조〉

출처: 마법의 코칭, 에노모토 히데타케, 새로운 제안

위의 그림에서 보면, 우리가 의식적으로 하는 행동(수면 윗부분)은 별로 많지 않다. 대부분 물속에 잠긴 상태인 무의식적 생각과 행동이 대부분이다. 그런데 깊은 바닷속에 웅크리고 무의식의 상태로 존재하고 있는 내용물(해결방안 등)을 수면 밖으로 끌어올릴 수 있는 수단이 바로 적절한 질문(주로 열린 질문)인 것이다. 깊은 우물에서 물을 떠 올리는 두레박 같지 않은가? 질문을 받은 당사자는 그동안 한 번도 생각하지 않았던 것을 생각하게 되는 '자각의 순간'을 맞게 된다.

질문에는 묘한 마법(?) 같은 것이 있다.
도로시 리즈는 그의 저서『질문이 7가지 힘』에서 그 마법들을 7가지로 소개하고 있다.

· 질문을 하면 답이 나온다.
· 질문은 생각을 자극한다.
· 질문을 하면 정보를 얻는다.
· 질문을 하면 통제가 된다.
· 질문은 마음을 열게 한다.
· 질문은 귀를 기울이게 한다.
· 질문에 답하면 스스로 설득이 된다.

위의 7가지는 개별적으로 작용하는 것이 아니라, 상호 연관성을 가지며 작동하는 특성을 갖는다. 즉, 7가지가 한 묶음이 되어 상호 영향을 주고받으며 움직인다는 것이다. 예를 들어, 현장의 관리감독자가 "어떻게 하면 우리가 일하는 현장을 좀 더 안전한 곳으로 만들 수 있을까?"라는 질문을 부하직원들에게 던졌다고 가정해 보자.

그런 질문을 받은 부하직원은 현장 상황을 떠올리고 머리를 쓰며(생각하며), 그동안 동료들로부터 들었던 내용(정보)를 마음속으로 정리할 뿐만 아니라, 질문의 요지를 파악하기 위해 귀를 기울이며, 이런 것들을 통합하여 아래와 같이 답을 한다.

"조장님, 1층 지게차가 움직이는 공간과 사람이 다니는 동선이 중복되어 사고가 날 것 같은 상황이 반복되고 있습니다. 무슨 조치가 있어야 할 것 같습니다."

이제부터 현장 관리감독자는 부하직원들의 잠재력을 자극하는 질문의 파트너로서 역할을 할 수 있기 바란다. 때로 지시하고, 명령하는 경우가 없지는 않겠지만 부하직원의 파트너가 되어 현장 안전문화를 정착하는 데 기여할 수 있어야 할 것이다.

관리감독자가 현장에서 안전과 관련하여 코칭할 수 있는 몇 가지 사항에 대해 얘기를 나눠 보자.

첫째, 코칭을 통해 안전동기를 환기할 수 있다.

사람들의 행동을 변화시킬 수 있는 가장 효과적인 방법은 스스로 변화하고자 하는 동기를 유발하는 것이다. 구성원들의 말과 행동에 초점을 맞추기보다는 안전행동에 필요한 동기를 끄집어낼 누군가가 필요하다. 관리감독자가 이런 역할을 할 수 있다면 조직은 더욱 효과적으로 안전문화를 향상시켜 나갈 수 있다.

무엇인가를 하고자 하는 '동기'는 도대체 어디에서 비롯되는 것일까? 동기강화 상담전문가들의 주장에 따르면, 어떤 문제에 대해서 자기 스스로 결정할 수 있을 때 강한 동기유발이 된다고 한다.

조직에서 이미 정해진 규칙을 제시하고 지킬 것을 강요하는 조직에서는 자율성과 자기결정권을 기대하기 어렵다. 안전규정과 절차는 대부분 법적 요구사항에 따라 만들어지기 때문이다. 하지만 그런 상황에서일지라도 몇 가지 유용한 방법이 있다.[43]

　코칭(coaching)은 긍정심리학을 다루고 사람들이 더 높은 수준의 성취감을 맛보도록 돕는 도구로 적절하게 쓰이고 있다. 더 나아가 가능성에 초점을 맞추고 사람들이 미래에 가고자 하는 곳을 바라보게 한다.[44] 현장 관리감독자는 적절한 코칭 기법을 통해 부하직원들이 자발적으로 안전행동 동기를 불러일으킬 수 있도록 도울 수 있는 역량을 습득해야한다. 자, 이제부터 현장 관리감독자가 코칭을 통해 관리해야 할 상황과 이에 대한 해결 방법을 찾아보자.

양가감정 관리

　양가감정(ambivalence)이란, 어떤 대상이나 상황에 대해 상반되는 감정이나 태도를 동시에 가지는 상태를 말한다. 근로자의 양가감정(ambivalence)을 어떻게 다룰 것인가? 현장 안전과 관련하여 양가감정이 발생할 수 있는 상황과 어떻게 다루어야 하는지 살펴보자.

　현장 안전과 관련한 양가감정을 적절히 관리하는 것은 매우 중요하다. 관리감독자는 이러한 양가감정을 인식하고, 직원들이 느끼는 긍정적 감정을 강화하면서 부정적 감정을 최소화할 수 있는 방안을 마련해야 한다. 예를 들어, 안전 절차 준수로 인한 작업 속도 저하 문제는 효율적인 작업 계획 수립과 추가 인력 배치 등으로

---

43)　안전문화 길라잡이 1, 한국안전보건공단, 2021, 충남대학교 이선희 외 2.
44)　코칭바이블, 게리 콜린스, 2011.

해결할 수 있다. 새로운 안전 장비의 도입 시에는 충분한 교육과 훈련을 제공하여 사용의 불편함을 줄일 수 있을 것이다.

근로자가 양가감정 상황에 직면했을 때, 관리감독자는 코칭 리더십을 통해 근로자가 감정적으로 균형을 잡고 올바른 결정을 내릴 수 있도록 도와야 한다. 이를 위해 관리감독자는 경청, 공감, 질문, 피드백, 지원 등의 다양한 코칭 기법을 활용할 수 있다. 다음은 구체적인 사례와 함께 관리감독자가 어떻게 코칭을 할 수 있는지 설명하겠다.

【사례1: 작업의 위험성 vs. 위험한 작업에 대한 보상】
상황: 한 제조 공장에서 근로자 A는 위험한 작업을 맡게 되었다. 이 작업은 추가 보상을 제공하지만, 안전에 대한 우려가 크다. A는 보상을 받고 싶지만, 동시에 작업의 위험성 때문에 불안해하고 있다.
① 경청과 공감
관리감독자: "A씨, 최근에 맡게 된 작업 때문에 고민이 많으시다고 들었습니다. 어떤 점이 가장 걱정되시나요?"
A: "네, 맞습니다. 추가 보상은 좋지만, 작업이 너무 위험해서 걱정됩니다. 안전에 문제가 생길까 봐 두려워요."
관리감독자: "그렇군요. 추가 보상은 큰 장점이지만, 안전에 대한 우려도 크시겠네요. 그 두 가지 감정을 모두 이해합니다."

② 질문과 탐색
관리감독자: "그렇다면, 이 작업을 할 때 어떤 부분이 가장 위험하다고 느끼시나

요? 그리고 그 위험을 어떻게 줄일 수 있을까요?"

A: "특정 장비를 사용할 때 사고가 날 가능성이 높다고 생각합니다. 특히, 보호 장비가 불편해서 제대로 착용하지 못할 때가 많아요."

③ 피드백과 제안

관리감독자: "그 부분은 매우 중요한 문제네요. 보호 장비가 불편해서 착용하지 않으면 더 위험할 수밖에 없죠. 보호 장비의 착용 방법을 다시 한번 점검하고, 필요한 경우 새로운 장비로 교체할 수 있도록 지원하겠습니다."

④ 지원과 실행 계획

관리감독자: "또한, 작업 환경을 개선하기 위해 무엇을 할 수 있을지 함께 생각해 봅시다. 예를 들어, 장비 사용에 대한 추가 교육을 제공하거나, 위험 구역을 더 명확하게 표시하는 방법도 고려해 볼 수 있습니다. 이와 함께, 추가 보상에 대해서도 더 구체적인 안전 대책이 마련되도록 노력하겠습니다."

A: "네, 감사합니다. 그렇게 해 주시면 마음이 놓일 것 같습니다."

관리감독자: "좋습니다. 그럼, 우리가 세운 계획을 바탕으로 구체적인 실행 방안을 마련해 보겠습니다. 그리고 주기적으로 안전 상태를 점검하고, 불편한 점이나 개선할 부분이 있으면 언제든지 말씀해 주세요."

⑤ 지속적인 피드백과 모니터링

관리감독자: "작업을 진행하면서 느끼는 점이나 개선이 필요한 부분이 생기면

언제든지 이야기해 주세요. 정기적으로 안전 회의를 열어 모든 팀원들과 함께 논의하는 것도 좋은 방법일 것 같습니다."

관리감독자는 근로자가 양가감정을 느낄 때, 먼저 경청하고 공감하여 근로자의 감정을 이해하고 수용해야 한다. 그런 다음, 구체적인 질문을 통해 문제의 핵심을 파악하고, 피드백과 제안을 통해 해결책을 모색한다. 마지막으로, 지속적인 지원과 모니터링을 통해 근로자가 안전하게 작업을 수행할 수 있도록 돕는다. 이러한 코칭 과정은 근로자가 안전하고 만족스럽게 작업을 수행하도록 지원하면서, 조직의 안전 문화도 강화하는 데 기여하게 될 것이다.

적절한 질문은 상대방이 이미 가지고 있지만 스스로 명확히 인식하지 못하고 있는 양가감정을 드러내서 해결하는 과정을 돕는다. 근로자는 자신의 의견과 생각을 피력하는 과정에서 자기 결정권을 가지게 된다. 이미 정해진 규정이라도 자율성을 경험하게 되고 이는 자발적으로 규정을 준수하는 행동으로 연결될 수 있다. 좋지 않은 질문은 이미 여러 번 했던 생각을 반복하도록 부추기는 질문이거나, 호기심에 의해서 정보를 구하거나 단답형 방식으로 대답하도록 질문하는 것이다. 반대로 좋은 질문은 아래의 3가지 속성을 가지고 있음을 이해하고, 적절하게 활용해 보기 바란다.

개방형 질문(Open Question)

즉각적으로 쉽게 답할 수 있도록 하는 질문보다는, 보다 깊이 있게 내면을 성찰하게 하고, 조금 길게 자신의 생각을 탐색하고 말로 표현하게 하는 열린 질문이 좋다. 이러한 질문은 구성원들이 자신의 감정과 생각을 더 잘 이해하고 표현하게 도와준다.

'어떻게' 질문(How Question)

"왜"라는 질문보다는 주로 "어떻게"라는 질문을 더 많이 사용한다. "어떻게"로 시작하는 질문은 무엇인가 비난받는다는 느낌이 들지 않게 하면서, 과거의 상황이 발생한 이유를 알 수 있게 해준다. 이는 문제 해결을 위한 건설적인 대화를 촉진한다.

'무엇' 질문(What Question)

목적 없이 아무렇게나 질문하지 않아야 한다. 실질적이며 상대방이 어딘가에 도달하는 데 도움이 될 만한 질문을 하라. 상대방이 생각하도록 도전하는 질문을 해야 한다. 상대방이 깊이 생각하도록 도전하는 질문을 통해, 그들이 스스로 해답을 찾고 성장할 수 있도록 돕는다.

동기강화를 위한 커뮤니케이션 관리

이번에는 어떻게 하면 관리감독자가 근로자들의 자발적인 동기를 이끌어 낼 수 있을까에 대해 알아보자.

일반적으로 근로자들이 스스로 변화할 수 있도록 도와주는 대화의 단계를 잘 활용하면 좋은 결과를 얻게 될 것으로 기대한다. 단계별로 구체적인 전개 방법에 대해 따라가 보자. 간단한 대화 사례도 제시해 보았다.

① 관계를 형성한다

Rapport(라포)[45]를 형성하는 단계이다.

---

45) 교육이나 상담효과를 높이기 위한 필수 조건으로 친밀감, 친근감, 신뢰감 등을 의미한다. 인간 관계에 있어 기본적으로 라포가 형성되어야 서로 간 마음을 터놓을 수 있고, 쉽게 친해지며 동질감을 느낄 수 있다.

신뢰 관계를 구축하여 구성원들이 편안하게 대화할 수 있도록 한다.

구성원과의 연결고리를 찾고, 열린 마음으로 상대방의 생각을 들어본다.

처음부터 안전행동에 관해 이야기하기보다는 좀 더 구성원에 대해 이해하려고 노력한다.

(대화) "하는 일들 중에 어떤 부분에서 보람을 많이 느끼는가요?", "일 하면서 힘든 부분은 없으십니까?"

② 초점을 맞춘다

논의할 주제나 목표를 명확히 설정하여 대화의 방향을 잡는다.

작업장 안전에 대한 구체적인 주제를 선택: 구성원 스스로가 어떤 주제에 초점을 맞추어 이야기할지 선택권을 준다.

(대화) "작업장이 좀 더 안전해지려면 어떤 부분을 개선해야 하면 좋겠습니까?"

③ 유발한다

구성원의 양가감정 뒤에 숨어있는 변화 의지를 수면 위로 드러나게 도와주는 단계이다.

구성원들이 스스로 변화의 필요성을 느끼고 동기부여를 받을 수 있도록 도와준다.

변화 대화(DARN)[46]를 실시한다.

D: "좀 더 안전하게 작업할 수 있으면 좋겠다."

A: "나는 마음먹고 한다면 할 수 있어!"

R: "그 부분이 개선되면 훨씬 편안하게 작업할 수 있을 거야."

N: "새로운 각오로 임해야 할 거야."

---

46) D: 바람(Desire), A: 능력(Ability), R: 이유(Reason), N: 필요성(Need)

④ 계획한다

본격적으로 안전행동의 목표를 설정하고, 그 목표를 달성하는 데 필요한 세부계획을 수립하는 단계이다.

구체적인 행동 계획을 세워 실천할 수 있는 방안을 마련한다.

리더는 주로 질문을 통해 구성원들의 의견을 청취한다.

(대화) "현 상황에서 우선적으로 해야 할 일은 어떤 것들일까요?" "좀 더 안전하게 작업을 하려면 안전절차에 따라 작업해야 하는데, 작업 과정에서 불편을 해소할 수 있는 일이 무엇이 있을까요?"

경청하고 공감한다

경청(listening)은 듣는 것(hearing)과는 다른 듣기의 영역이다. Hearing이 귀로 듣는 행위라면 Listening이 상대방의 감정까지 헤아리며 듣는 행위다. 코칭 행위를 하고자 하는 관리감독자는 무엇보다도 경청의 기술이 필요하다.

(대화) 김 과장: "이 대리, 요즘 업무가 많이 힘들죠? 어떤 점이 가장 어려운가요?"
이 대리: "네, 과장님. 최근 프로젝트 때문에 스트레스를 많아요."

경청은 역지사지(易地思之: 상대방의 입장에서 생각하는 것)에서 시작한다. 이는 상대방의 입장에서 감정을 이해하고 공감하는 것이다.

(대화) 김 과장: "그렇군요, 이 대리. 저도 비슷한 상황을 겪어본 적이 있어서 이해합니다. 어떤 지원이 필요할까요?"

좋은 경청 습관은 좋은 대화와 상호이해를 촉진하며, 더 나은 관계를 형성하는 데 도움이 된다. 경청은 상대방의 말을 적극적이고 진심으로 듣는 과정으로써 효과적인 경청을 위해서는 몇 가지 중요한 방법이 있다. 습관이 되기까지는 의식적인 행동이 필요하니, 다음 내용을 그대로 실천해 볼 것을 권유한다.

① 눈 맞추기

상대방이 말할 때 눈을 마주쳐서 관심을 표현한다.

(예시) 동료가 위험성평가 진행 상황을 설명할 때, 눈을 마주치며 고개를 끄덕이고, 주의 깊게 듣는다.

② 반응 보이기

상대방의 말에 적절한 반응을 보여준다. 고개를 끄덕이거나 "맞아요", "정말요?"와 같은 말로 반응한다.

(예시) 친구가 최근 경험한 어려운 상황에 대해 이야기할 때, 고개를 끄덕이며 "그랬구나, 정말 힘들었겠다."라고 반응한다.

③ 질문하기

상대방의 말을 명확히 이해하기 위해 질문을 한다.

(예시) "위험성평가 과정 중 어떤 부분이 가장 어려웠어요?"와 같은 질문을 통해 더 깊이 있는 대화를 나눈다.

④ 말 끊지 않기

상대방이 말을 끝낼 때까지 끊지 않고 기다린다.

(예시) 동료가 의견을 말하는 동안 중간에 끼어들지 않고, 상대방이 다 말할 때까지 기다렸다가 자신의 의견을 말한다.

⑤ 재진술하기

상대방의 말을 다시 한번 요약해서 말해준다. 이를 통해 정확하게 이해하고 있음을 확인한다.

(예시) "그러니까 당신이 말한 것은, 이번 위험성평가 프로젝트의 기한이 연장되었다는 것이죠?"라고 재진술한다.

⑥ 공감하기

상대방의 감정에 공감하고, 그 감정을 이해한다는 것을 표현한다.

(예시) 동료가 위험작업에 대해 이야기할 때, "당신이 정말 힘들었겠네요. 제가 도울 수 있는 것이 있을까요?"라고 말한다.

⑦ 신체 언어

몸의 자세와 표정으로 관심과 존중을 표현한다.

(예시) 대화를 나눌 때, 몸을 상대방 쪽으로 기울이고, 진지한 표정으로 이야기를 듣는다.

03

Hello, TBM[47)]

"for Risk Zero Workplace!"

　　TBM(Tool Box Meeting)은 작업현장 근처에서 작업 전에 관리감독자(작업반장, 팀장, 조장 등)을 중심으로 작업자들이 모여 작업의 내용과 안전작업절차 등에 서로 확인하고 의논하는 활동이다. 국내에서는 안전브리핑, 작업 전 안전점검회의, 안전 조회, 위험 예지 훈련 등 다양하게 사용되고 있다. 해외에서는 Tool Box Talks, Tool Bos Safety Training 등으로 사용되고 있다. TBM 실행시간은 산업안전보건법상의 안전보건교육 시간으로 인정된다.

TBM 관련 근거: 고용노동부 고시 제2023-13호
(사업당 위험성평가에 관한 지침 제13조-위험성평가의 공유)

① …(생략)

---

47) 고용노동부, 작업 전 안전점검회의 가이드(TBM: Tool Box Meeting), 내용을 편집 및 재구성하였음

② 사업주는 위험성평가 결과 법 제2조 제2호의 중대재해로 이어질 수 있는 유해·위험요인에 대해서는 **작업 전 안전점검회의(TBM: Tool Box Meeting)** 등을 통해 근로자에게 상시적으로 주지시키도록 노력하여야 한다.

TBM의 필요성

TBM은 작업자가 안전하게 작업하는 데 많은 도움을 준다. 특히 위험성평가에 기반한 TBM활동을 통해 작업자는 위험요인을 재확인하며, 예방대책도 다시 확인하게 된다. 작업자 간 대화는 안전보건에 관한 새로운 지식과 정보를 공유하게 되며 최신의 상태로 유지하게 해준다. 또한 TBM은 조직의 안전문화와 인식수준을 향상시킨다.

작업자 간 존중하는 마음으로 안전에 대한 자유로운 질문과 토론을 통해 해결책을 찾는 것은 성숙된 안전문화 구축의 출발점이다. 예빙하우스의 망각곡선에 의하면 1일이 지나면 33%밖에 기억하지 못한다고 하는데, 일정 시간 내 계속해서 반복하는 것이 망각을 줄이는 효과이며, TBM을 통해 안전 작업 방법을 반복적으로 확인하면서 사고를 미연에 예방하고 대비할 수 있다.

TBM의 중요성과 목적

정기적인 Toolbox Talk는 작업 현장의 위험 요소를 논의하고, 이를 해결하는 방법을 제시하며, 작업자들을 안전하게 유지하는 데 중요한 역할을 한다. 이러한 회의는 다음과 같은 긍정적 효과를 제공한다.

· 긍정적인 안전 문화의 성장
· 모든 근로자가 경계, 조심성 유지
· 팀 소통과 생산성을 향상
· 근로자의 의무와 책임을 반복해서 확인
· 위험과 행동계획에 대해서 최근 기록을 유지

[출처] www.safetyculture.com/topics/toolbox-topics

TBM 실행 시간과 장소

TBM은 작업현장에서 작업 전에 빠르고 쉽게 진행하는 간단한 브리핑이다. 이러한 특성을 고려할 때 TBM은 10분 내외로 실행하는 것이 효과적이다. 이 시간에는 다른 주제, 여러 주제를 같이 논의하지 않도록 한다. 장소는 대부분 작업장이 될 것이나 가급적 소음과 방해요소가 없는 곳에서 실시한다. 작업자가 TBM리더의 말을 들을 수 없거나 주의가 산만하면 집중하기 어렵다.

TBM 실행 주기

개최 주기는 작업(장) 현황에 따라 다르다. 매일 작업 전에 개최하는 것이 안전작업에 도움을 될 수 있다. 특히 다음의 경우에는 특히 더 그렇다. 첫째, 현장 또는 작업장에 새로운 작업자가 정기적으로 유입되어 작업을 수행하는 대형 프로젝트 사업의 경우. 둘째, 작업에 위험한 분야가 있거나 해당 공정이 수시로 변경되는 경우 등이다.

「2020 ABC(미국건설업 협회) 안전성과 보고서」에 따르면 TBM을 매일 실시한 회사가 매월 실시한 회사에 비해 총기록 재해율(TRIR)이 82%까지 낮아졌다고 한다.

TBM 참여자 수

소수가 참여하는 것이 효과적이다. 4명에서 10명 사이가 가장 효과적이며 최대 20인 이내로 하되 해당 작업의 수행자는 될 수 있으면 모두 참여시키도록 한다.

TBM에 불참한 작업자에 대해서는 안전작업을 위해 해당 작업 이전에 반드시 TBM 내용을 공유, 전달하는 것이 필요하다.

TBM 논의 주제

논의 주제는 다양하지만, 작업장의 현재 또는 향후 활동과 관련이 있어야 한다. 작업절차의 변경, 최근 이슈와 사건·사고, 작업 일정, 안전 작업 모범사례, 신설 정비·설비의 사용 등이 포함될 수 있다. 여러 주제 중 당일 작업과 관련하여 안전을 확보하기 위한 주제를 3개 이내로 선정하여 진행하는 것이 좋다.

TBM 논의 주제(예시)
· 작업 절차 변경 내용
· 새로운 위험의 식별 및 기존 위험 검토
· 위험요인 통제방안
· 최근 이슈와 사건·사고 사례
· 작업 일정(일일 또는 주간)
· 안전 작업절차
· 새로 도입되는 장비와 설비의 사용법
· 날씨·계절 변화에 따른 위험요인(폭염·탈수)
· 교대 근무에 따라 다음 근무자에 전달해야 할 안전 사항

TBM 단계별 행동

TBM은 정해진 절차가 따로 있는 것은 아니다. 각 기업과 현장의 작업내용과 공정의 특성을 고려해 적합한 방법과 절차를 마련하여 실시하는 것이 중요하다. 다만 TBM의 효과적인 실행을 위해서는 사전 준비와 사후 조치가 병행되어야 한다. 다음은 TBM을 실시하는 단계별 예시이다. 참고하여 사업장의 특성에 따른 TBM을 실시하기 바란다.

TBM 준비 사전단계

① 작업·공정별 위험성평가 실시한다.

위험성 평가결과를 작업자에게 전달하는 중요한 소통활동이다(산안법 제36조 및 고용노동부 고시)

② 최근의 현장 사고사례 확인한다.

실제 현장의 사례를 들어 설명하는 것은 작업자 이해도 향상에 도움이 된다. (아차 사고 포함)

③ 작업현황을 파악한다.

작업내용을 정확히 알고 있어야 하며, 신규/기존작업인지, 어떠한 보호구가 필요한지, 협력업체 작업내용 등 작업계획서 등을 통해 확인한다.

④ TBM 전달자료를 준비하고 내용을 숙지한다.

- TBM리더는 사전에 작업에 대한 위험성 평가결과, 사고보고서, 안전작업지침과 관련규정을 충분히 파악한 이후에 작업자들에게 정확하게 전달한다.
- 짧은 시간 내 해당 작업의 위험요인과 대책을 공유하고 작업자들의 참여도를 높이는 것이 중요
- 고용노동부나 안전보건공단이 제공하는 업종 및 공정별「작업 전 안전보건 교육 자료」활용(www.kosha.or.kr, 검색어: 작업 전 안전점검)

TBM 실행단계

TBM리더는 TBM이 왜 필요한지? 다루고자 하는 안전 주제와 연관시켜서 작업자들에게 이해하기 쉽게 설명해야 한다.

① 작업자 건강 상태를 확인한다.

- 안전한 작업을 위한 기본적인 확인 항목
- 전날의 과도한 음주나, 약물복용, 피로감, 발열 등은 안전 작업에 영향을 미칠 수 있으므로 이러한 증상을 보이는 근로자는 고위험 작업에 투입하지 않도록 조치한다.
- 작업자 스스로 "내가 오늘, 이 작업에 적합한가?"라는 질문을 하도록 한다. 적합하지 않다면 관리자에게 보고하고 다른 작업자로 교체하고 임무를 조정하도록 한다.

② **작업내용/위험요인/안전 작업절차/대책을 공유한다.**
- TBM리더는 TBM이 작업 전 마지막 위험성평가라고 생각하고 작업자와 함께 미처 파악하지 못한 위험요인과 대책을 찾아내도록 한다.

특히, TBM 절차가 필수적인 경우는 다음과 같다.
· 작업내용과 공정의 변화로 새로운 위험이 추가된 경우
· 작업여건상 위험의 제거, 대체가 아니라 안전 작업 방법의 준수, 보호구 착용 등 관리적 대책을 실행해야 하는 경우
· 작업자가 새롭게 작업에 투입되는 경우

③ 최근의 아차 사고, 사고사례 등 실제 사례를 활용하면 작업자의 관심을 더욱 집중시킬 수 있다.
④ 안전작업을 위한 보호구의 지급여부와 착용상태도 참석자 간에 함께 점검하도록 한다.
⑤ TBM리더가 일방적으로 전달하기보다는 예상되는 위험요인과 대책을 작업자들이 자발적으로 말하거나 토론하도록 유도한다. 질문을 오가는 방식은

작업자의 지식을 더욱 향상시킬 수 있다.

⑥ 다양한 매체와 전달방법을 활용한다. 앱(App, 온라인, 전단지, 차트 등)

⑦ 작업자가 TBM내용을 숙지하였는지 확인한다.

- TBM은 작업 전 마지막 위험성평가인 동시에 단간(또는 단시간) 시행하는 교육훈련

- TBM의 내용, 메시지를 충분히 숙지하였는지 질문하여 확인하는 것이 중요

- 작업자 개인별 발언을 유도하는 경우에는 폐쇄형 질문보다는 개방형 질문을 활용하거나 퀴즈 형식으로 질의 · 응답하도록 하는 것도 좋다.

《TBM에서의 개방형 질문과 폐쇄형 질문(예시)》

개방형 질문	폐쇄형 질문
'무엇을', '어떻게', '가능하였나' 와 같은 열린 답변을 요구하는 질문	'예', '아니오'와 같은 제한된 답변을 요구하는 질문
(예시) ① 안전모를 착용하는 이유는 뭐죠? ② ○○○직원: 가장 중요한 안전수칙은 무엇인가요? ③ 정리 정돈을 하면 어떤 점이 좋은가요?	(예시) ① 안전모는 다 착용했죠? ② ○○○작업시 안전수칙을 다 알고 있죠? ③ 정리 정돈 다 하셨나요?

⑧ 작업자가 안전 작업 방법 등에 대한 숙지가 미흡하다면 시간에 구애받지 말고 충분한 시간을 들여 강조할 필요가 있다.

⑨ 여러 위험요인 중 중점요인을 서로 확인하고 이에 대응하는 방안을 검토하는 것만으로도 TBM은 성공적일 수 있다.

⑩ TBM은 작업자가 이해할 수 있는 언어로 실행해야 한다. 외국인 작업자의 경우 통 · 번역 방안을 마련한다.

⑪ 참석자 간 칭찬을 통해 긍정적인 분위기를 통해 기다려지는 TBM을 만든다.

TBM 피드백 단계

① 작업자의 불만, 질문, 제안사항을 검토한다.

- 작업자들의 요구에 민감하게 반응하고, 안전 작업 방법을 제안한 작업자에 대한 인센티브를 주는 방안을 검토한다.

② 위험요인에 대한 조치 결과를 작업자에게 다시 알려준다.

- 조치 결과를 작업자들에 신속하게 알려서 TBM실행의 필요성을 바로 체감하도록 한다.

③ TBM 결과를 충실하게 기록하고 보관한다.

- 작업일시, 작업내용, TBM 장소, 참석자, 위험요인 확인·조치사항, 공유사항 등을 기록
- 참석자 기록은 불참한 작업자를 확인해서 TBM 참석을 유도하고 관리하는 데 활용 가능
- 필요 시 사진이나 동영상을 촬영하는 방식으로 기능할 수 있으며, 위험요인 대한 후속조치도 작성
- TBM 결과를 기록하는 것은 사업장에서 작업자를 교육하고 정보를 제공하고 있음을 증명하는 좋은 방법

TBM 리더의 역할과 의무

TBM리더를 포함한 현장관리자들은 자신들이 전달한 내용을 모범적으로 실행해야 한다. TBM리더와 관리자가 TBM에서 언급한 사항을 위반한다면 TBM 실행은 신뢰를 잃게 된다. TBM리더의 역할은 TBM을 효과적으로 실행하는데 가장 큰

비중을 차지한다. 단계별 TBM리더의 주요 역할을 정리하면 다음과 같다. [48]

〈TBM 시작전〉

- 작업 관련 숙지사항 및 전달 사항 작성
- 예상 작업 물량 및 작업범위, 내용 파악
- 해당 작업에 대한 위험성평가 실시 자료
- 작업을 위한 도구 또는 보호구 준비

〈TBM 진행시〉

- 작업자의 건강 상태 확인
- 작업자와 함께 위험요인(잠재요인 포함) 확인, 대책 공유
- 중점 위험요인과 대책 숙지 여부 확인
- 불량 보호구 및 방호장치 파악, 건의 사항 접수
- 불량 보호구 교체
- 협력사 관리자 등과 협조(작업 범위, 투입 인력 등 상호 확인)

〈TBM 종료 후〉

- TBM 내용 이행 상태 모니터링
- 작업자의 불안전한 행동과 상태 관리
- 시설, 공구·도구 관리 등 불안전한 위험 요소 파악·제거
- 정리·정돈 확인

---

48) [출처] 이지수, 「근로자 주도형 TBM을 통한 건설업 안전 조회 대체 방안에 관한 연구」(2017.8
월) 38p 참조

- 작업 중 특이 사항 보고 및 TBM 기록관리

TBM 실시 절차를 표로 정리하면 아래와 같다.

《TBM 실시 절차》

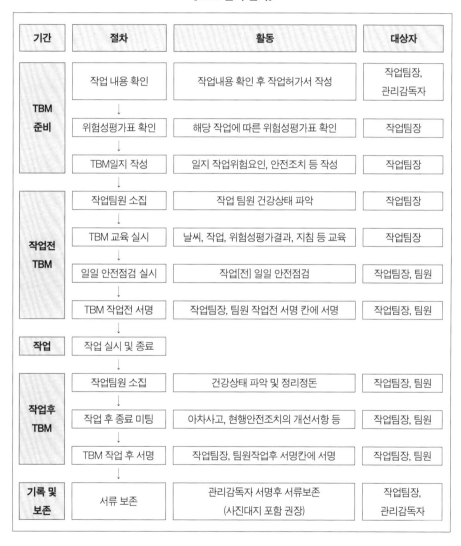

기간	절차	활동	대상자
TBM 준비	작업 내용 확인	작업내용 확인 후 작업허가서 작성	작업팀장, 관리감독자
	위험성평가표 확인	해당 작업에 따른 위험성평가표 확인	작업팀장
	TBM일지 작성	일지 작업위험요인, 안전조치 등 작성	작업팀장
작업전 TBM	작업팀원 소집	작업 팀원 건강상태 파악	작업팀장
	TBM 교육 실시	날씨, 작업, 위험성평가결과, 지침 등 교육	작업팀장
	일일 안전점검 실시	작업[전] 일일 안전점검	작업팀장, 팀원
	TBM 작업전 서명	작업팀장, 팀원 작업전 서명 칸에 서명	작업팀장, 팀원
작업	작업 실시 및 종료		
작업후 TBM	작업팀원 소집	건강상태 파악 및 정리정돈	작업팀장, 팀원
	작업 후 종료 미팅	아차사고, 현행안전조치의 개선서항 등	작업팀장, 팀원
	TBM 작업 후 서명	작업팀장, 팀원작업후 서명칸에 서명	작업팀장, 팀원
기록 및 보존	서류 보존	관리감독자 서명후 서류보존 (사진대지 포함 권장)	작업팀장, 관리감독자

《TBM 일지 D사 사례》

Tool Box Meeting 일지								
사업명						**결재**	**작업팀장**	**관리감독자**
일시	2024. 00. 00. ( ). 00:00 ~ 00:00		**기 상**	도 / 눈				
작업	**내 용**					정기작업□ 비정기작업□		
	허가서	해당없음□ 일반위험□ 고소작업□ 전기차단□				밀폐공간□ 화기작업□ 굴착작업□ 중 장 비□		
	장 소							

작업팀장						
이름	**건강상태**	**작업 내용 숙지**	**위험성평가 결과 숙지**	**작업팀장 서명**		
				작업 전	**작업 후**	
	상□ 중□ 하□	숙지□	숙지□			
작업 위험요인		**위험성평가 여부**	**평가 결과에 따른 안전조치**	**작업 위험요인 안전조치(대책)**		
1.		평가□ 미평가□	조치□ 미조치□			
2.		평가□ 미평가□	조치□ 미조치□			
3.		평가□ 미평가□	조치□ 미조치□			

작업 [전] 일일 안전점검 시행결과 ⇨ 작업 [후] 종료 미팅 (중점대책의 실효성)	
.	.
.	.

작업 팀원						
오늘의 핵심 준수 항목						
오늘의 핵심 금지 항목						
이름	**건강상태**	**작업 내용 숙지**	**위험성평가 결과 숙지**	**TMB 참여 서명**		
				작업 전	**작업 후**	
	상□ 중□ 하□	숙지□	숙지□			
	상□ 중□ 하□	숙지□	숙지□			
	상□ 중□ 하□	숙지□	숙지□			

04

관리감독자 커뮤니케이션 역량

"for Risk Zero Workplace"

관리감독자의 커뮤니케이션 역량은 작업 현장의 안전과 작업 효율을 높이는 데 중요한 역할을 한다. 이러한 역량을 앞의 코칭리더십과 함께 지속적으로 개발하고 강화하는 것이 필요하다.

안전현장에서 효과적으로 의사소통을 하려면?

① 정직하고 겸손한 태도

"정직하고 겸손한 리더십"은 강력한 리더의 특성 중 하나이다. 그는 자신의 강점과 약점을 인정하고 항상 노력하는 태도를 가지며, 다른 사람들을 존중하고 구성원들의 의견을 경청하며 소통을 통해 문제를 해결한다. 또한, 자신의 성과보다 팀의 성과를 중시하며 팀원들에게 자신감과 용기를 주어 조직의 성과를 끌어내는 역할을 한다.

② 먼저 다가가 말 걸기

"인사는 대화의 시작이다."라는 얘기가 있다. 관리감독자가 먼저 인사를 하면 대화는 자연스럽게 시작된다. 부하에게 먼저 인사하고 말을 건네는 것이 품위를 잃는 것이라든지 긍지를 해치는 일이라고 생각하지 않는다. 말은 건다는 것은 다른 말로 관심의 표현이기도 하다. 작은 마음 씀씀이가 조직 내 분위기를 밝게 한다. 지나치면서 고개를 떨어뜨리고 피하면서 걷는다면 조직 내 분위기는 어두워진다. 어두운 곳에서 조직이 발전할 수는 없다. 짧은 대화를 통해 구성원들과 소통한다.

부하직원은 인사는 하지만 상사에게 말을 걸기를 꺼린다. 상황에 따라 짧은 대화는 얼마든지 가능하다. 이 한마디로 구성원들은 마음이 편해지고 더욱 즐겁고 신나는 하루를 보내게 될 것이다. 가능하면 그 사람의 이름을 부른다면 효과는 배가 될 것이다.

(대화) 안녕하세요, 김 대리. 오늘 기분 어떠세요?

어느 팀에서 무슨 일을 하고 있어요?

불편한 사항은 없어요?

연구 결과, 좋은 직장분위기는 생산성과 안전에 긍정적인 영향을 미치는 것으로 나타났다.[49] 위와 같은 노력을 통해 관리감독자는 구성원들과 신뢰와 협력을 강화할 수 있으며, 이는 곧 작업장의 안전과 생산성 향상으로 이어질 수 있다.

③ 상호존중과 신뢰

팀원들이 서로를 존중하고 지지하며, 업무를 협력적으로 수행할 때 안전한 환경이 조성된다. 팀원들의 불안전한 행동에 대해 언제든지 누구에게나 서로 얘기할

---

49) 한국산업안전보건공단, 근로자와 사업주의 안전의식 수준 실태조사 및 조사체계 개발, 2016.

수 있어야 한다. 관리감독자는 구성원을 키울 책임이 있다. 일을 맡긴다는 것은 구성원을 신뢰한다는 것을 의미한다. 구성원에 대한 신뢰가 없으면 일을 맡기는 것이 꺼려질 것이다. 그런 마음이 자연스럽게 구성원들에게 전달된다.

(대화) 이 과장: "박 대리, 이번 프로젝트의 중요한 이 부분을 맡아줄 수 있겠어요? 당신을 믿고 맡기는 겁니다."

박 대리: "네, 과장님. 최선을 다하겠습니다."

구성원은 자신이 윗선으로부터 신뢰와 인정을 받고 있다고 느낄 때 무엇과도 바꿀 수 없는 만족감과 보람을 느끼며 열정적으로 일하게 된다. "신뢰받으면 돌로도 떡을 빚는다"라는 속담이 있다.[50]

④ 경청과 적절한 질문

경청은 의사소통의 기본적인 과정으로 대화의 핵심 기술 중의 하나이다. 경청은 누구나 쉽게 할 수 있을 것으로 생각하지만, 결코 쉽지 않다. 다른 사람의 이야기를 30분 이상 들어 줄 수 있는가? 경청은 상대방이 무엇을 얘기하려고 하는지 마음으로 이해하는 것이다. 화자는 상대방이 경청하고 있는지 아닌지를 금방 알아차린다. 다음은 경청에 필요한 사항이다.

· 상대방이 전달하고자 하는 메시지 내용에 주의를 기울이고 이해하려고 노력한다.

(대화) "아~, 그렇군요, 김 대리. 일정이 빡빡해서 많이 힘들겠어요. 어떤 부분이 가장 어려운가요?"

---

50) 정우일, 리더와 리더십, 박영사, 2006.

· **소극적 경청**: 상대방의 이야기에 대해 질문하거나 반박하는 것과 같은 외적 표현을 최소화하여 상대방이 더 많은 이야기를 털어놓도록 격려해 주는 비언어적인 방법이다.

(대화) "음, 그렇군요. 계속 이야기해 주세요"

· **적극적 경청**: 상대방의 이야기에 집중하고 있다는 것을 상대가 지각할 수 있도록 지속해서 사인을 보낸다. 적극적인 외적 표현으로는 질문, 공감, 반응을 적절하게 활용한다.

(대화) "그 부분이 정말 중요하군요. 어떻게 해결할 수 있을까요?"

· **적절한 질문**: 경청을 통해 상대방 대화의 의도를 파악하고 적절한 질문을 통해 상대방이 스스로 답을 찾을 수 있도록 열린 질문을 한다. How, Why를 적절하게 활용한다.

(대화) "어떻게 하면 좋을까요? 특별히 그렇게 생각하는 이유가 있는가요?"

· **보조 맞추기**: 상대방의 대화의 속도에 맞추어 적절한 맞장구를 해주는 것도 대화의 스킬이다. 상대방의 말에 공감하고, 감정을 이해하는 말을 덧붙여 주면 대화가 더욱 원활하게 이어질 수 있다. 이것이 중요하다.

(대화) "이번 프로젝트 일정이 너무 빡빡해서 걱정되는데, 우리가 제대로 해낼 수 있을지 모르겠네요. 네, 그러게요. 프로젝트 일정이 좀 빡빡하기는 하지만 팀원 모두가 열심히 노력하고 계시니 잘 해낼 수 있을 거라고 믿어요."

⑤ 갈등에 맞서고 관리할 것

갈등이란, 대인관계에서 집단상호작용에서 발생할 수 있는 문제로써 이해관계자 상호간에 발생하는 이해관계의 충돌을 말한다. 팀에서는 언제든지 갈등이 일어날 개연성이 있다. 관리감독자의 역할이 크지만, 팀원 모두가 협력하여 갈등을 해결해 나가는 것이 가장 좋은 방법이 아닐까? 갈등을 피하지 말고 적절히 관리하는 것이 중요하다. 갈등관리는 갈등을 예방하거나 감소시키는 활동이다. 이를 효과적으로 처리하는 것이 관리감독자의 책임이다.

《갈등관리 체계 흐름도》

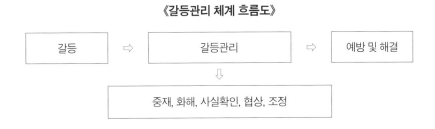

서울특별시에서 개발한 갈등관리 기법을 소개한다.[51] 산업현장에서도 적절하게 활용할 수 있을 것이다.

- **중재**: 갈등 당사자들이 인정한 중립적인 제3자가 갈등 당사자들 각각의 의견이나 주장 등을 자세하게 파악하여, 갈등 당사자들에게 구속력 있는 결정을 내려 줌으로써 해결하는 방식
  (대화) "양측의 의견을 충분히 들었습니다. 이제 결정을 내리겠습니다."

- **화해 조정**: 갈등 당사자들이 인정한 중립적인 제3자가 갈등 당사자 간 화해

---

51) 서울특별시, 2020 갈등관리매뉴얼, 2020, 내용 수정 및 편집

를 도모하여 합의가 이루어지게 하는 기법으로 갈등당사자들 간의 좋은 관계 (positive relationship)의 복원을 전제로 진행

(대화) "두 분이 다시 좋은 관계를 유지할 수 있도록 도와드리겠습니다."

· **사실 확인**: 과학적, 기술적 불확실성에 대한 논란(갈등)을 해소하기 위해 갈등 당사자와 전문가가 함께 사실을 확인하고 해법을 모색하는 방식

(대화) "이 문제에 대해 정확한 데이터를 확인해 보겠습니다."

· **협상**: 둘 이상의 집단이 사회적 충돌을 피하기 위하여 서로의 상반된 이해관계 를 해결할 목적으로 토론하는 것 (Pruitt & Carnevaie, 1993), 당사자 간 직접 협 상하거나 협상전문가에게 위임하여 진행 가능

(대화) "서로의 입장을 이해하고, 중간 지점을 찾아봅시다."

· **조정**: 당사자 간 협상으로 갈등을 해결할 수 없는 경우 객관적이고 중립적인 제3자가 갈등 당사자들이 자발적으로 갈등을 해결할 수 있도록 도와주는 갈등 해결 방식

(대화) "양측이 자발적으로 해결할 수 있도록 도와드리겠습니다."

《갈등관리 과정에서 주의사항》[52]

해야 할 것(Do)	하지 말아야 할 것(Do not)
- 다른 사람의 입장을 이해한다. 사람들의 당황하는 모습을 자세하게 살핀다. - 어려운 문제를 피하지 말고 맞선다. - 사람들과 눈을 마주친다. - 마음을 열어놓고 적극적으로 경청한다. - 타협하려 노력한다. - 어느 한쪽으로 치우치지 않는다. - 논쟁을 하고 싶은 유혹을 떨쳐낸다. - 존중하는 자세로 사람을 대한다.	- 상대방의 감정이나 관심사를 가볍게 여긴다. - 스스로 모순되는 행위를 한다. - 직접 대면하지 않으려고 대충 넘어간다. - 상대방을 깔보는 듯한 자세를 가진다. - 필요한 정보보다 부족한데도 아무렇지 않게 받아들인다. - 쓸데없는 충고를 한다. - 자신을 방어하듯 말하거나 상대방을 비방한다.

· **윈윈 갈등 관리법**[53] : 사람들은 일상에서 일어나는 갈등을 회피하거나 타협을 통해 예방하려고 한다. 하지만 문제를 근본적으로 해결하기 위해서는 갈등과 관계된 사람의 노력이 필요하다. 문제의 본질적인 해결을 위해 갈등과 관계된 모든 사람으로부터 의견을 듣는 방법을 윈-윈(Win-Win)관리법이라고 한다. 이는 갈등 해소에 더욱 쉽게 접근할 수 있으며, 성공적인 업무관계를 유지하는 데 효과적이다. 갈등은 상호존중을 기반으로 해결된다. 윈-윈 관리법은 갈등 당사자 모두의 의견을 듣고, 상호 존중을 바탕으로 해결책을 찾는 방법이다.

(대화) 현장관리자 김 과장과 팀원 강 사원 사이에 업무분담 문제로 발생한 갈등 상황

　　김 과장: "○○씨, 최근에 업무 분담에 대해 불만이 있다는 얘기를 들었어요. 어떤 점이 문제인지 이야기해 줄 수 있을까요?"

　　이 사원: "네, 과장님. 제가 맡은 업무가 너무 많아서 다른 팀원들과 비교

---

52) Adams(임태조 옮김), OP. CIT., PP.180-181, 일부편집
53) Adams(임태조 옮김), OP. CIT., PP.180-181, 일부편집

해 불공평하다고 느껴집니다."

　　김 과장: "그렇군요, 강○○씨. 다른 팀원들과 업무를 재조정해서 공평하
　　　　　　게 분담할 수 있는 방법을 함께 찾아봅시다."

　위와 같은 대화는 갈등을 더 쉽게 해소할 수 있게 해주며, 성공적인 업무 관계를
유지하는 데 효과적이다. 갈등은 상호존중을 기반으로 해결될 때, 모두가 만족할
수 있는 결과를 얻을 수 있다.

⑥ 평상시와 다른 근로자의 모습 발견하기[54]

　평상시와 다른 근로자를 조기에 알아내고 그에 대응하는 것은 사업장 정신건강
문제의 조기 발견 및 대응 면에서 대단히 중요한 일이다.

　관리감독자가 이러한 역할을 적절히 수행하면 직무스트레스 예방 및 관리에 큰
도움이 될 수 있다. 스트레스 예방과 관리를 위한 관리감독자는 평상시와 다른 근
로자를 조기 발견 할 수 있다. 다음은 평상시와 다른 근로자의 모습 예시이다.

평상시와 다른 근로자의 모습
○ 지각, 조퇴, 결근이 잦다.
○ 쉰다는 연락 없이 쉰다(무단결근을 한다).
○ 잔업, 휴일 출근이 증가한다.
○ 일의 능률이 저하된다. 사고력·판단력이 저하된다.
○ 업무의 성과가 좀처럼 나오지 않는다.
○ 보고나 상담, 직장에서 말이 없어진다(혹은 그 반대).
○ 표정에 활기가 없고 동작에도 기운이 없다(혹은 그 반대).

---

54) 산업안전보건공단, 직무스트레스의 일상적인 관리를 위한 관리감독자 지침, 2011. 12, 일부편집

○ 부자연스러운 언동이 눈에 띈다.
○ 실수나 사고가 눈에 띈다.
○ 복장이 흐트러져 있거나 의복이 불결하다.

'평상시와 다른' 근로자에 대해서 관리감독자는 직무상 적절한 대응을 할 필요가 있다. 질병이 원인일 수 있으므로 사내 상담창구, 보건관리자, 산업보건의의 상담을 받게 할 필요가 있다. 산업보건의 등이 없는 사업장에서는 외부전문가(직업환경의학 전문의, 정신건강의학과 전문의, 심리상담사 등)를 활용한다. '평상시와 다른' 근로자에 대한 대응순서는 다음 그림과 같다.

《평상시와 다른 근로자에 대한 대응 흐름도》

관심과 배려	-	평소부터 근로자를 잘 파악해 둔다.
⇩		
알아챔	-	평상시와 다른 것을 재빨리 알아챈다.
⇩		
대화 시도	-	주저하지 말고 말을 건넨다.
⇩		
이야기를 듣는다	-	이야기를 잘 듣는다.(비판을 피하고 결론을 서두르지 않는다. 프라이버시를 배려한다. 적절한 정보를 제공한다.
⇩		
연결한다	-	이상을 느끼면 사내 상담창구나 보건관리자, 산업보건의 또는 사외 전문가에게 상담 및 진료를 의뢰한다.

참고문헌

게리 콜린스, 코칭 바이블, 2011.

고용노동부, 작업 전 안전점검회의 가이드(TBM: Tool Box Meeting).

김봉준, (예화중심) 리더십, 박영사, 1998.

도로시리즈/역자 노혜숙, 질문의 7가지힘, 더난출판사, 2002.

문광수 · 이종현, 안전이 묻고 심리학이 답하다, 좋은 땅, 2022.

서울특별시, 2020 갈등관리매뉴얼, 2020.

오아람, 유아교육기관 원장의 코칭리더십이 교사효능감과 교사-영유아 상호작용에 미치는 영향, 2021.

장영진, 사람이 모이는 리더, 사람이 떠나는 리더, 리더북스, 2006, p42-47.

정우일, 리더와 리더십, 박영사, 2006, pp. 420-422(Adams, op, cit., pp. 179-181.).

한국산업안전보건공단, 관리감독자가 알아야 할 안전보건활동 교재, 2024년 2기.

한국산업안전보건공단, 근로자와 사업주의 안전의식 수준 실태조사, 2016.

한국산업안전보건공단, 직무스트레스요인 측정지침, 2022. 12.

한국산업안전보건공단, 직무스트레스의 일상적인 관리를 위한 관리감독자 지침, 2011. 12.

한국안전보건공단, 충남대학교 이선희 외2, 안전문화 길라잡이 1, 2021.

Zohar, D., Huang, Y. H., Lee, J., & Robertson, M. M. (2014). A mediation model linking supervisory leadership and work ownership with safety climate as predictors of truck driver safety performance. Accident Analysis and Prevention, 62, 17-25.

제7장

안전교육에서
안전학습으로!

01

안전보건교육, 이대로 괜찮은가

"for Risk Zero Workplace!"

안전보건교육의 현주소

"또 안전보건교육이야?"

근로자로서 또는 안전보건 종사자로서 이수해야 하는 법정 안전보건교육을 받아 본 적이 있을 것이다. 온라인 또는 오프라인, 위탁기관 또는 사내 안전보건팀 등 다양한 방법으로 시행되고 있는데, 받은 교육이 어떠하였는가? 유익하였는가? 재미있었는가? 다음은 인터넷 커뮤니티에 올라 온 안전보건교육 후기들이다. 직장인들이 안전교육을 이수하면서 느낀 점들을 공유한 글들인데 한번 살펴보자.[55]

A: 산업안전보건교육 이딴 거 왜 받으라는 거야
    내용도 ㅈㄴ 1도 유익하지 않고 나는 생산직도 아닌데 이 쓸데없는 교육을 왜 의무적으로 듣게 해놨냐고.

---

55) 조금 각색을 하였으나, 내용상 차이는 없다.

B: 직무스트레스 뇌심혈관질환 근골 이런 거는 생산직 아니라도 도움되는 거 있을 거야. 나라에서 근로자 보호하려고 만든 법에 따라 하는 거니까 쓸데없다 생각 말고 잘 들어보자.

C: 법이 그래요

D: 긴급 상황 생기면 분명 도움 될 거야 잘 들어주자

E: 이런 애들 위급한 일이나 비상상황 발생했을 때 ㅈ되고나서 꼭 "이런 거 어떻게 대처하는지 아무도 안 알려줬다"고 정부 탓 회사 탓 앞장서서 함

F: 유익한 내용으로 해주라고 하세요.

G: 본인 회사, 공정, 작업에 맞게 해달라고 해요.

H: 이런 애들 특) 교육시간에 휴대폰 하거나 인터넷 교육은 죄다 시간 때우다 다음만 누름

I: 연구소 안전교육 이거 진짜 왜 하나?

I: 내가 연구소는 맞는데 코딩 하는 연구소지 죄다 무슨 산업현장 안전교육이나 랩 교육 갖다 박아놓았네

J: 세금 아깝고~ ㅋㅋㅋ

K 그래도 ㅇㅇㅇ은 대감집이고 본사에도 안전팀 있으니 들을만할껴

L: 우리는 걍 가라치는데

M: 나도 동영상 틀어놓고 업무 보는 중 ㅋㅋㅋ

N: 직장인들 안전교육 이런 식이면 참 예산낭비네요

N: 매 분기마다 돌아오는 안전교육이죠. 온라인으로 하는 것까지는 좋은데, 꼭 90년대 암기식 시험 보는 기분입니다. 교육 페이지는 플래시로 떡칠해놔서, 엣지 브라우저로 들어가니 2020년 12월부터 플래시 사용 중단된다는 상단 알림 고정으로 뜨고, 뭐 할 때마다 플래시 실행 허용에 대한 질문까지 뜨네요. 게다가 내용은 다 저런 숫자 암기...근무 환경에서 어떻게 해야 하는지에 대한 일례 등 설명이라면 지루해도 좀 필요하다 생각해서 듣겠는데…

O: 정부 지원금도 이런 곳에 들어갈 텐데, 이런 식의 교육받는 분들도 꽤 되실 거고, 고스란히 낭비가 되는 것 같습니다.

P: 안전을 감독하는 사람이나, 시설 등 관리해야 하는 입장인 분들께는 도움이 되겠지만, 그 기준도 정해진 이유가 xxx 이러한 이유로 정해지고 지켜져야 한다 이런 방식이면 불만은 없었을 겁니다. 이런 교육 진행하는 곳마다 다르겠지만, 저희 회사 하는 곳은 정말 처음부터 끝까지 숫자놀이네요 ㅡㅡㅋ

Q: 전 하다보면 1%정도 도움은 되는 거 같아요.

R: 영상 다 스킵하고, 마지막에 시험 보는데 그거 보다보면 "음 의자에선 똑바로 앉아야 하는구나" (…) 정도의 상식은 얻더라구요.

S: 가성비야 똥망인데 안 하는 것보다는 1% 쯤 나은 거 같습니다.

T: 올해 받은 교육 중에 그래도 "조명 환경"에 대한 교육이 있다길래 그래도 1%정도는 기대를 했습니다. (사무 환경에서도 조명은 중요하다고 생각하고, 평소에도 신체와 접촉하는 제품들에는 신경을 쓰는 입장이라) 근데 역시 처음부터 끝까지 숫자 암기여서 포기했습니다 ㅎㅎ

U: 으아 안전교육 지루하다

V: 차라리 일하면 하루가 빨리 지나가는데

W: 산업안전보건교육 개 기네

X: 아... 지겹다

Y: 회사에 안전교육 같은 거 하러 오는 강사님들 정체가 뭐임?

Z: 교육은 잠깐이고 보험 상품 영업하던데

가: 진짜 안전교육을 하는 사람이 있고 보험사 직원인데 와서 교육해주면서 파는 사람이 있고 강사 소속 보면 되지

나: 진심 어처구니없음

다: 진짜 강사는 돈 주고 고용해야 하는데 와서 상품 파는 사람은 강의는 공짜. 강의료 대신 직원들한테 판매할 기회를 주는 거임. 회사는 법정교육 이수시간만 채우면 되고 직원들이 상품을 사든가 말든가 뭐 이런 태도라고 보면 됨. 와서 파는 강사(사실 강사도 아니고 영업사원)욕하지 말고 회사 욕을 하시면 됩니다.

라: 1~4분기 온라인 안전보건교육 이딴 거 왜 하고 있냐?
진짜 노쓸모 쓰레기 같은 시스템 영업부 직원한테 유해 위험물, 기계설비교육, 산업안전 이런 거 백날 틀어줘야 아무도 안보는 거 몇 시간째 틀어놓는 것도 짜증나네!

마: 몇 년간 단 한 번도 제대로 보지도 않는 교육 영상 틀어놓느라 스트레스 이거 만드는데도 예산 아깝고 백날 해봐야 도움 1도 안 되는 전시행정 아니야?

바: 누가 의무교육 이렇게 쓸데없이 만드냐 ㅅㅂ

사: 지들은 실적 채우거든 교육시간 쌓고 돈 타고

아: 법ㅜ

자: 법적교육

"딱 내 얘기네!"

그런가?

인터넷을 검색해 보면 현재 행해지고 있는 법정 산업안전보건교육에 대한 한탄, 비탄, 비난, 좌절의 소리를 쉽게 확인할 수 있다. 안타까운 현실이다. 다만 이들 비판의 목소리를 몇 가지 유형으로 나누어 보자.

첫째, 산업안전보건교육의 필요성 자체를 부정하여 그에 대한 법적 강제를 비판

하는 유형

둘째, 산업안전보건교육의 필요성은 인정하지만, 법적 의무화는 반대하는 유형

셋째, 교육 필요성과 법적 강제를 긍정하지만, 교육 내용이 잘못되었다고 비판하는 유형(예컨대, 사무직에게 지게차 안전을 교육하는 경우, 강사가 교육과 동떨어진 얘기를 하는 경우 등)

넷째, 교육 필요성을 인정하고 교육 내용에도 찬성하지만, 교육 방식이 잘못되었다고 보는 유형(예컨대, 재미없이 그냥 슬라이드를 읽어 주는 경우, 형식적으로 동영상만 틀어주고 끝내는 경우, 실질적인 교육은 없이 교육 자료를 돌리고 명부에 서명만 받는 경우 등)

첫 번째, 두 번째에 해당하는 사람도 없지 않겠지만, 요즘에는 안전에 대한 의식과 산업재해에 대한 경각심이 높아지면서 그보다는 세 번째, 네 번째에 동의하는 사람이 많을 것으로 생각된다.

위의 예처럼 교육 내용이 부실하거나 피교육자의 직무에 맞지 않은 경우 또는 교육 방식이 구태의연하거나 형식적으로 실시하고 증빙문서만 갖추는 경우를 아직까지도 우리의 실제 산업현장에서 흔하게 볼 수 있다.

온라인 안전보건교육

문제는 안전보건교육이 온라인화 되면서 효율은 이루었지만 교육효과는 곤두박질, 수직낙하했다는 것이다. 온라인 안전보건교육이 도입되면서 교육 이수 자체는 매우 쉬워졌으나 교육 효과는 급격히 낮아졌기 때문이다. 많은 근로자들 사이에서 인터넷 안전보건교육 웹페이지를 열어놓고 다른 업무를 보는 것은 이미 당연한 것으로 여겨지고 있다. 어떤 커뮤니티에 올라온 글을 보자. 안전보건교육 실

효성 논쟁과 꼰대 논쟁이 섞여 있는 다양한 댓글이 인상적이다.

머: 인턴 들어왔는데 내가 꼰대인가?

머: 최근에 인턴 들어왔는데 제조회사는 다 그렇겠지만, 온라인으로 안전교육 듣는
게 필수잖아. 근데 사실 다들 걍 켜놓고 일하잖아? 급한 일이 있어서, 인턴한테 일
좀 부탁했는데 온라인 안전교육 들어서 일 못하겠다고 해서 내가 그거 들을 필요
없고 켜놓고 내가 부탁한 일 좀 처리해달라고 했는데, 인턴이 이거 들어야 된다고
죄송하다고 해서 알겠다고 했는데... 내가 꼰대인건가?

버: 켜놓고 일하면 되는데...

서: 인턴이 유두리가 없는 듯 요새 이런 글 많이 보이네! 왜 그러지?

어: 인턴한테 시킬 정도면 본인이 해도...

저: 또 누구 눈엔 안전교육 제대로 안 듣고 일하는데 일 제대로 하는 건가 하겠지. 모
든 게 사바사라고 생각한다. 꼰바꼰 사바사 뭐 그런 것

처: 글쓴이가 안전불감증 그 잡채네

커: 꼰대지 당연히 안전교육이 필요 없다고 하면 없애든가 인턴이잖아

터: 켜놓고 다른 일 해 달라(X) 정지해두고 이거먼저 해 달라(O)

퍼: 이게 왜 꼰대임? 제도적 문제지. 차라리 업무시간에 듣게 하면 문제가 없는데, 일
은 시키지, 저것도 들으라 하지. 그래서 일 없이 한가해 보이는 인턴한테 시킨 거
지. 인턴이 바빠 보였으면 여기 글도 안 썼겠지

허: 꼰대 ㅎㅇ

고: 꼰대는 본인이 꼰대인걸 잘 몰라ㅎㅎ

노: 귀 막고 니 말만 하세요.

도: 그냥 냅둬

로: 이래놓고 안보고 일하면 또 갈굴 거면서

많은 직장인들이 온라인 안전보건교육은 응당 켜 놓기만 하고 그 시간에 다른 일
을 하는 것으로 여기고 있는데, 온라인 교육은 또 다른 중요한 문제를 안고 있다.

태생적 한계로 인하여 교육방법을 대부분 '강의식 교육법'으로 할 수 밖에 없다

는 것이다. 그나마 '실시간 인터렉티브 방식'이면 수동적인 강의식 교육의 단점을 조금 덜겠지만, 현재 온라인 안전교육의 대부분은 교수자와 학습자의 상호작용이 전혀 없는 채로 진행되는 '녹화 재생 방식' 즉, 학습자의 클릭으로 동영상이 재생되고 다음 슬라이드로 넘어가는 방식이다.[56]

물론 고용노동부고시 '안전보건교육규정'에서는 인터넷 원격교육의 문제점을 인식하고 그에 관한 규율을 두고 있으나, 아직까지는 큰 효과를 거두고 있다고 보기 어려울 것이다.

안전보건교육규정 제5조(인터넷 원격교육)

제5조(인터넷 원격교육) 근로자등 안전보건교육 또는 특수형태근로종사자 안전보건교육을 인터넷 원격교육의 형태로 교육할 때에는 다음 각 호의 사항을 준수하여야 한다.

1. 교육과정을 여러 개의 과목으로 구성하는 경우 과목당 교육시간은 1시간(60분) 이상으로 하고 이 중 강의 동영상 비중은 50%(30분) 이상을 확보할 것
2. 별표 2 제1호에 따른 기준[57]을 따를 것
3. PDA, 스마트폰, 태블릿PC 등 무선망을 이용할 수 있는 휴대용 기기를 통한 인터넷 원격교육(이하 "모바일 원격교육"이라 한다)을 하는 경우 다음의 각 목의 사항을 준수할 것
   가. 교육을 실시하기 전 또는 교육과정에 접속할 때마다(교육과정이 여러 개의 과목으로 구성된 경우 과목별로 접속할 때마다) 작업 또는 운전 시 수강을 금지한다는 내용을 공지하고 교육생의 확인을 받은 후 교육을 시작할 것
   나. 작업 또는 운전 시 교육 수강을 제한하도록 관리하거나 제한하는 기능을 갖출 것
   다. 교육생이 작업 또는 운전 시 모바일 원격교육을 수강한 사실을 적발한 경우 모바일 원격교육을 중단하고 집체교육, 현장교육 또는 비대면 실시간교육의 형태로 다시 교육할 것

---

56) 안전보건교육규정(고용노동부고시 제2024-20호)에서는 안전보건교육의 형태로 ① 집체교육 ② 현장교육 ③ 인터넷 원격교육 ④ 비대면 실시간교육 ⑤ 우편통신교육 등을 규정하여, 단순한 인터넷 원격방식과 실시간 인터렉티브 방식을 구분하고 있는데, '비대면 실시간교육'은 현실적으로 실시하는 곳이 많지 않다는 문제점이 있다.
57) 교육내용, 교육관리, 교육평가관리 등에 관한 기준을 규정하고 있다.

02

학습 피라미드

"for Risk Zero Workplace!"

학습 피라미드

온라인이든 오프라인이든 강의식 교육은 피교육자의 학습 효과 면에서 매우 취약하다. 교육심리학에서 '학습 피라미드(Learning Pyramid)'라는 것이 있다. 미국 행동과학연구소(National Training Laboratories Institute)가 연구한 바에 따르면, 여러 가지 교육 방법에 따라 피교육자의 학습효율이 다르고 그 차이가 매우 크다고 한다.

구체적으로는, 강의 듣기(Lecture), 읽기(Reading), 시청각 수업(Audio/Visual), 시연(Demonstration), 집단 토의(Discussion Group), 실습(Practice by Doing), 서로 설명하기(Teach Others)의 등 일곱 가지 교육 방법이 있다. 이 중 앞의 네 가지를 '수동적 교육법(Passive Teaching Methods)', 뒤의 세 가지를 '참여적 교육법(Participatory Teaching Methods)'으로 구분한다. 학습활동 후 24시간이 지나 해당 지식과 정보가 두뇌에 남아있는 비율을 수치로 나타내었을 때, 각 학습 방법에 따라 크게 차이 남을 보여준다. '서로 설명하기'나 '실습' 같은 '참여적 교육법'에 비하여 '강의 듣기'나 '읽기' 같은 '수동적 교육법'은 지식과 정보가 두뇌에 남아있는 비율이 현저히 낮다는 것이다. 한국교육방송공사(EBS)도 이를 소개하면서 우리나라의 획일적인 주입식 교육에 경각심을 일깨운 바 있다.[58]

평균 기억율
(Average Retention Rates)

	5%	수업듣기(Lecture)
	10%	읽기(Reading)
수동적 학습방법 (Passive Teaching Method)	20%	듣고 보기(Audio-Visual)
	30%	시연하기(Demonstration)
참여적 학습방법 (Participatory Teaching Method)	50%	집단토의(Group Discussion)
	75%	연습(Practice)
	90%	가르치기(Teaching Others)

Adapted from National Training Laboratories, Bethel, Maine

〈NTL Institute의 학습 피라미드 도해〉

현재 행해지고 있는 우리의 안전보건교육이 위 일곱 가지 교육 방법 중 어디에 속한다고 보는가? '강의 듣기' 혹은 잘 봐주어야 '시청각 수업'이지 않을까? 그렇다면 학습 효율 '5%' 혹은 '20%'에는 동의하는가? 필자는 동의할 수 없다. 너무 높게 본 듯 하다.

수동적 안전보건교육

수동적 교육은 학습효율의 문제만 있는 것이 아니다. 수동적 교육법에 대해 간

---

58) 「교육대기획 6부작, 왜 우리는 대학에 가는가」 (2014, EBS)

단하게 살펴보자. 시연(Demonstration)은 교수자가 행위자가 되어 학습자에게 교육 내용을 보여주는 것을 말한다. 시청각수업(Audio/Visual)은 동영상 등을 보여줌으로써 학습자의 시각과 청각을 자극하여 교육효과를 거두는 교육을 말한다. 읽기(Reading)는 강독 즉 글을 읽고 그 뜻을 파악하는 교육방법이다. 강의(Lecture)는 교육자가 다수의 학습자에게 일방향으로 정보를 전달하는 방법이다.

수동적 교육법의 장단점을 살펴보자.

먼저, 수동적 교육의 장점은 무엇인가? 첫째, 쉽게 지식(knowledge)을 전달할 수 있다. 둘째, 짧은 시간에 많은 양의 정보를 제공한다. 셋째, 많은 학습자를 대상으로 교육하기에 좋다.

반면, 수동적 교육의 단점은 무엇인가? 첫째, 지식 외의 기술(skill)이나 태도(attitude)에 대한 교육으로는 적합하지 않다. 둘째, 학습에 대한 동기유발이 어렵고 학습자들이 수동적이기 쉽다. 셋째, 학습자들이 집중력을 유지하기 어렵다.

《수동적 교육의 장·단점》

수동적 교육의 장점	수동적 교육의 단점
지식(knowledge) 전달에 적합하다.	기술(skill), 태도(attitude) 교육으로는 적합하지 않다.
짧은 시간에 많은 양의 정보를 전달한다.	학습자의 집중력 유지가 어렵고, 학습효과가 매우 낮다.
많은 학습자를 대상으로 교육할 수 있다.	학습에 대한 동기유발이 어렵고, 학습자는 수동적 지위에 머문다.

산업안전보건 분야의 교육 내용은 지식(knowledge)인가, 기술(skill)인가, 태도

(attitude)인가? 물론 세 가지 모두를 포함하고 있다. 다만, 안전과 관련된 분야에서의 직무 역량이란 지식 못지않게, 혹은 지식보다 더, 기술이나 태도가 중요한 경우가 있다.

예를 들어 보자. 일반 근로자가 처음 채용되었을 때 받는 안전보건교육의 내용 중에는 '직무스트레스 예방 및 관리에 관한 사항'이나 작업장의 '정리정돈 및 청소에 관한 사항' 등이 포함되어 있다. 반기마다 정기적으로 받는 안전보건교육에는 '산업재해 또는 직업병 예방에 관한 사항'은 물론 '직장 내 괴롭힘, 고객의 폭언 등으로 인한 건강장해 예방 및 관리에 관한 사항' 등도 포함되어 있다. 이러한 교육이 지식(knowledge)에 국한되는 것이고 지식 전달만으로 교육 목적을 달성했다고 말할 수 있을까? 그렇지 않을 것이다. 안전보건교육에 있어서는 기술(skill)이나 태도(attitude)에 관한 교육의 중요성을 결코 무시할 수 없는 것이다.

안전보건에 관한 교육 내용이 짧은 시간에 많은 양의 정보를 다뤄야 할 성질의 것인가, 그래서 수동적 교육 특히 강의식 교육이 불가피한 것인가도 생각해 볼 필요가 있다. 산업안전보건교육은 입시 교육이 아니다. 자격증 취득을 위한 교육도 아니다. 단지 근로자가 안전하고 건강하기 위한 교육, 산업재해를 방지하고 직업병을 예방하기 위한 교육이다. 근로자의 생명과 신체를 보호하기 위한 매우 실제적인 필요에 의한 교육으로써, 짧은 시간에 많은 양의 정보를 주입하려는 (그러나 실제로는 전혀 주입조차 되지 않는) 수동적 교육을 고집할 이유가 전혀 없다.

남은 한 가지, 지금까지의 안전보건교육은 많은 학습자를 대상으로 하기 위하여 수동적 방식으로, 그리고 온라인으로 진행되어 왔다. 가장 적은 비용으로 가장 많은 교육 이수자를 만들어내는 방식으로 세팅된 것이다. '안전'은 태생적으로 '생산성'이나 '효율' 또는 '비용 절감' 이런 가치들과 모순되고 배치되는 가치인데, '안전보건교육'은 반대로 극도의 '생산성'과 '효율', 극한의 '비용 절감'을 추구해 온 것이다. 즉, 가장 안전하지 않은 방식으로 안전보건교육을 해 오고 있는 것이다. 게다가 가장 '효율'을 추구하는 교육임에도 불구하고 근로자 입장에서는 '가성비 똥망'인 교육으로 전락하여 '효율'마저도 챙기지 못하고 말았다.

03

참여적 안전보건교육

"for Risk Zero Workplace!"

참여적 교육법으로 집단 토의(Discussion Group), 실습(Practice by Doing), 서로 설명하기(Teach Others)의 예를 들었는데, 한편으로는 이를 조금 더 구체화하여 집단토의법, 사례연구법, 시범·실습법, 역할연기법, 게임훈련법 등으로 구분할 수도 있고 여기에 '퀴즈 학습법', '하브루타 학습법' 등 다양한 학습법들을 추가할 수도 있을 것이다.

여기서는 여러 가지 참여적 교육법의 장·단점을 소개하고 우리의 산업안전보건교육에 접목할 가능성을 고민해 보고자 한다.

집단토의법

집단토의법(Discussion Group)은 어떤 주제에 대하여 강사와 학습자 간에 또는 학습자 상호 간에 자신의 의견 또는 자신이 알고 있는 정보 등을 교환하는 교육 방법이다. 학습자가 많을 경우 그룹을 나누어 그룹별로 토론하고 결과를 그룹 간에 공유하기도 한다. 집단토의법은 학습자들의 능동적인 참여를 유도하는 장점이 있

지만, 주제를 벗어나게 되어 교육효과가 저하될 염려나 토론에서 소외되는 사람이
발생할 염려도 있다.

《집단토의법의 장·단점》

집단토의법의 장점	집단토의법의 단점
· 학습자 간 의견이나 정보를 공유함으로써 상호 이해 증진 · 민주적 과정으로 토의 결과에 대한 공감대 형성 · 구성원 간 팀워크 향상 · 학습에 대한 동기와 활력 증진 · 논리적, 비판적 사고능력 제고	· 상호 비판에 따른 갈등 증가 · 주제에 대한 사전 지식이 없으면 소극화되거나 주제를 벗어날 수 있음 · 소수 학습자의 주도 가능성 · 학습자가 다수인 경우 많은 시간 소요

  산업안전보건교육에서 집단토의법은 매우 적합하고 필요한 교수학습방법이라
고 할 수 있다. '안전'이나 '재해'는 사람마다 생각이 다를 수 있어서 좋은 토론 주제
가 될 것이다. 근로자들이나 관리자들은 안전 확보방법과 우선순위, 불완전 행동
의 이유, 재해의 원인과 방지방안 등에 있어 자신의 역할과 입장에 따라 전혀 다른
의견을 낼 수도 있다. 이 때 토론식 안전보건교육을 통하여 상대방의 의견을 들어
보면서 입장의 차이를 좁히고 상대방의 역할에 대해 이해를 넓힐 수 있을 것이다.

사례연구법

  사례연구법(Case Study)은 실제 발생했던 사건을 가져와서 이를 분석한 후 사례
가 주는 시사점과 유사 상황에의 적용가능성을 고민하는 교육 방법이다. 사건의
원인을 밝혀내고 그에 따른 해결방법을 찾아내기도 한다. 사례의 현실성을 바탕
으로 산업현장의 실무교육에 적용하는데 장점이 있으나, 실효성 있는 교육이 되기
위해서는 교육 준비에 더 많은 노력이 필요하다.

《사례 연구법의 장·단점》

사례연구법의 장점	사례연구법의 단점
· 학습자의 상황과 관련된 사례를 통해 유사상황에 대한 대응역량 제고 · 학습자의 관심과 적극적인 참여를 유도 · 분석력과 실제적인 문제해결능력을 높임	· 학습자의 상황과 관련된 사례를 찾기 어려움 · 학습자는 사례와 연관된 사전지식 필요 · 원론적이고 피상적인 결론에 그칠 가능성 · 실효적인 결론 도출에는 많은 시간 소요

사례연구법만큼 산업안전보건교육에 어울리는 교수학습법도 없을 것이다. 왜냐하면 산업안전보건 분야는 매우 많은 재해 사례를 가지고 있기 때문이다. 우리나라에서 2023년 한 해 동안 발생한 재해자는 13만 명이 넘고, 그 중 사망자는 2천 명이 넘는다.[59] 사업장에서 사고를 당하거나 직업적 질병을 앓게 된 이 많은 분들이 모두 산업재해 사례인 것이다. 안전보건교육에서 학습자들의 상황과 유사한 산업재해 사례를 소개하고 그 원인과 재발방지 방법을 알려 준다면 그것만으로도 산업재해 감소에 크게 기여하게 될 것이다. 산업안전보건 주무부처인 고용노동부와 산하 공공기관인 한국산업안전보건공단도 이 점을 잘 알고 있어서 산업재해사고사례 전파에 매우 적극적이다.

한 예로 고용노동부는 2023년부터 '중대재해 사이렌'이라는 카카오톡 오픈채팅방을 운영하고 있는데, 이는 각 기업의 안전담당자나 현장 작업자들에게 전국의 중대재해 발생 상황을 신속하게 알려 경각심을 높이고 유사 재해의 재발을 방지

---

59) 고용노동부, '2023. 12월말 산업재해현황' 참조. 2022년 대비 재해자수는 4.9% 증가(130,348명→136,796명)하였고, 사망자수는 9.3% 감소(2,223명→2,016명)하였다.

하려는 노력의 일환이다. 앞의 '중대재해 발생 알림'은 필자도 참여되어 있는 오픈 채팅방 '고용노동부 ○○지청 중대재해 동향 알림방'에서 실제로 보내온 '중대재해 사이렌' 중 하나이다. 사고사례가 간략하게 소개되어 있고, 예방대책도 알려주고 있다. 간단하게나마 사례를 통한 안전교육의 효과를 거둘 수 있다.

한편 고용노동부와 한국산업안전보건공단은『중대재해 사고백서: 2023 아직 위험은 끝나지 않았다』를 발간하였 는데, 여기서는 보다 상세한 사고 상황과 재해 발생 원인 을 마치 시사 잡지 르포 기사처럼 다루고 있다. 가독성과 분석의 깊이를 모두 만족하여, 사례를 통한 안전보건교육 에 매우 유익한 자료라고 생각한다.

시범·실습법

시범과 실습은 서로 다른 개념이다. 앞에서도 보았듯이 시범이란 교수자가 행위 자가 되어 학습자에게 교육 내용을 보여 주는 것을 말하고, 실습은 교육받은 내용 을 학습자 스스로 실행해 봄으로써 기술을 익히는 활동이다.

위 NTL Institute의 연구에서는 시범(Demonstration)은 수동적 학습법으로, 실 습(Practice by Doing)은 참여적 학습법으로 구분하기도 하였다. 그러나 실제 교 육현장에서는 시범과 실습이 함께 행해지는 경우가 많다. 교수자의 시범 후에 학 습자의 실습이 이어지고 이에 대해 다시 교수자가 피드백을 주는 것이 보통이다. 그러므로 시범과 실습을 하나의 교육법으로 묶을 수 있다 하겠다. 즉, 시범·실습 법(Demonstration & Exercise)은 시범과 실습을 통하여 지식을 전달하거나 기술 을 숙달시키는 교육 방법이다.

《시범·실습법의 장·단점》

시범·실습법의 장점	시범·실습법의 단점
· 기술(skill) 습득을 위한 교육에 강점 · 지식이나 이론을 실제로 재현해 보이거나 몸으로 익히도록 함 · 배운 것을 실제로 적용할 수 있는지를 봄으로써 학습자에 대한 평가 가능	· 단순한 지식(knowledge) 교육에는 적용하기 어려움 · 교육내용에 맞는 장비, 자재, 현장공간 등 필요 · 교수자는 높은 수준의 기술 보유 필요 · 많은 학습자의 실습에 대한 피드백으로 장시간 소요

산업안전보건교육에서도 시범·실습법을 다양하게 활용할 수 있다. 예컨대, 작업자의 보호구 착용이나 기계·기구의 방호장치 사용에 있어 교수자의 시범과 학습자의 실습이 번갈아 이루어질 수 있다. 교수자는 보호구나 방호장치의 올바른 사용법을 현실감 있게 보여주고, 학습자는 잘못된 사용에 대하여 실감하면서 올바른 사용을 연습할 수 있다. 이 경우 단순한 수동적 교육보다 나은 교육 효과를 기대할 수 있을 것이다.

역할연기법

역할연기법(Role-playing)은 교육이 필요한 상황을 인위적으로 설정하여 학습자에게 특정 역할을 주고 이를 연기하도록 함으로써 간접경험을 통해 지식·기술·태도 등을 습득하는 교육 방법이다.

《역할연기법의 장·단점》

역할연기법의 장점	역할연기법의 단점
· 현실 세계에 대한 간접 경험을 통하여 문제해결 능력 향상 · 아는 것과 할 수 있는 것의 차이를 인식시킴	· 뻔한 내용일 경우 오히려 교육효과 반감 · 일반 학습자들은 연기 자체가 쉽지 않음

상황에 맞는 시나리오를 준비해야 하고 학습자들의 적극적인 참여를 끌어내야 하는 등 역할연기법이 교수자에게 쉬운 교육법은 아니다. 그럼에도 불구하고 산업안전보건교육에서 역할연기법은 충분히 활용 가능한 잠재력을 가지고 있다.

예컨대 현장 근로자와 안전관리자가 역할을 바꾸어 연기함으로써 현장의 방식과 법적 규율 사이에는 차이가 없지 않다는 것을 이해하는 계기가 될 수 있다. 또한 최근의 이슈 중 하나인 고객응대근로자 문제에 있어서도 고객과 응대 근로자의 역할을 번갈아 연기함으로써 일부 고객의 문제점이나 응대근로자의 애로사항을 보다 깊이 있게 이해할 수 있을 것이다.

게임훈련법

게임훈련법(Game Training)은 교육에 게임적 요소를 접목하여 학습과 재미를 동시에 추구하는 교육 방법이다. 학습자들에게 경쟁심을 북돋우고 도전적인 참여를 이끌어낼 수 있지만, 본래의 학습목표를 잃어버리고 재미만 추구하는 쪽으로 흐를 염려가 있다.

《게임훈련법의 장·단점》

게임훈련법의 장점	게임훈련법의 단점
·학습자들이 흥미를 가지고 적극적으로 참여 ·경쟁심 자극으로 학습의욕 고취 ·교육 내용 외 의사소통능력, 협력과 팀워크, 규칙 존중, 인내심 등 향상	·본래 학습목표를 잃고 재미 위주로 변질 ·명확하고 구체적인 지식·기술 전달까지 이르기 어려움 ·돌발상황 등 교수자의 수업 운영능력이 중요

안전보건교육에서도 게임훈련법은 유용한 교육방법이 될 수 있다. '게임훈련'이라고 하여 너무 부담가질 필요는 없다. 다양한 교육도구를 이용하여 간단한 게임

적 요소를 도입하는 것만으로도 교육이 한층 재미있어진다. 예를 들어 '프리즘' 같은 이미지 카드를 활용해 현 작업장의 안전보건문제를 떠올려 서로 발표한다거나, 포스트잇을 돌려가며 중요하게 생각하는 안전요소를 적어 보고 서로 공유하는 것처럼 말이다.

04

성인학습으로써의 안전보건교육

"for Risk Zero Workplace!"

안전보건교육은 교육 대상 관점에서 보면 성인학습이다. 성인학습자들은 아동·청소년 학습자들과 매우 다른 특징을 가지고 있다. 여기서 먼저 성인학습자의 특성을 살펴보고, 다음으로 성인학습자의 특성을 고려한 성인교육의 전략을 고민해 보려고 한다.

성인학습자의 특성

교육학 중 평생교육 분야와 경영학의 인적자원개발 분야에서는 성인학습자의 특성과 성인학습 방법론에 대하여 많은 관심을 가져왔다. 노울즈(Malcolm S. Knowles)의 안드라고지(Andragogy) 모형[60] 이래, 크로스(M. K. Cross)의 성인학습자특성(Characteristics of Adults as Learners, CAL) 모형을 비롯하여 많은 학자들이 성인학습에 관한 이론을 제시하여 왔다. 여기서 굳이 이들을 언급하지 않더

---

[60] 1960년대 후반 노울즈와 그의 동료들은 아동학습, 학교학습과 구별되는 '성인학습'의 연구 필요성을 제기하면서 '페다고지(Pedagogy)'에 대비하여 '안드라고지(Andragogy)'를 주창하였다.

라도, 성인학습자들의 학습 특성은 어렵지 않게 유추할 수 있을 것이다. 성인학습자의 특성을 정리하면 대략 다음과 같다.

① 다양한 경험과 자아 정체성

성인학습자들은 대체로 아동·청소년 보다 다양한 경험을 가지고 있기 마련인데, 그들의 많은 경험이 교육 내용에 관하여 보다 깊은 이해를 돕는다는 점에서 교육에 순기능으로 작용하기도 하지만, 때로는 경험이 고정관념이나 선입견을 만들기도 하여 경험하지 못한 분야에 대한 교육에 방해가 되기도 한다. 다시 말해 성인학습자들은 비교적 강한 자아 정체성을 갖고 있고, 새로운 지식을 자신만의 필터에 통과시켜 자신만의 내용과 방법으로 받아들이는 경향이 있다.

② 내재적 동기에 의한 자기 주도성

현실에서는 그렇지 않은 경우도 많지만, 일반적으로 성인학습자들은 강제나 지시에 의해서가 아니라 자발적인 의사에 의해서 교육에 임한다고 볼 수 있다. 즉 외적 동기가 아닌 내적인 동기를 가지고 있는 것이며, 따라서 교육의 과정에서도 보다 자기 주도적인 성향을 갖는다고 볼 수 있다. 이는 성인학습이 어떤 방법으로 이루어져야 하는지에 대한 많은 시사점을 준다.

③ 즉각 활용 및 실용적 목표 추구

성인학습은 대체로 실용적인 목적에 따라 수요를 발생시킨다.[61] 성인들은 주로,

---

61) 이에 대한 예외로 볼 수 있는 최근의 '인문학 교육 열풍'은, 개인적으로는, '사태의 한 단면' 또는 '언론출판산업 마케팅의 힘' 또는 '인문학의 자기계발에의 봉사' 그것도 아니면 '한시적인 특수 현상'이라고 보고 있다.

곧바로 업무에 활용할 수 있거나 자신의 스펙에 도움이 될 만한 교육에 관심을 보인다. 학습자들은 자발적으로 자신의 시간을 들여 교육에 임하는 것이므로, 그가 받는 교육이 자신의 업무와 생활과 미래에 실제적인 도움이 되지 않는 것을 용납하지 않는 경향이 있다.

④ 장시간 집중의 어려움

성인이 아동이나 청소년에 비해 장시간 학습에 더 집중할 수 있는지, 긴 시간 동안 교육에 임할 수 있는지에 대해서는 논란이 있을 것이다. 원인은 다양할 수 있겠으나, 적어도 현상적으로는 성인의 학습 집중도가 청소년의 그것보다 높지는 않은 것 같다.

현재 민방위교육, 직무보수교육, 안전보건교육 등의 많은 성인교육에 있어 졸음, 스마트폰 보기, 그 외 딴 짓 하기 같은 집중력 저하현상은 매우 보편화되어 있는 것만 보아도 알 수 있다. 성인교육 콘텐츠의 문제일 수도 있고, 성인학습자의 성향 때문일 수도 있다. 성인교육 관련자들에게는 크나큰 숙제가 아닐 수 없다.

〈참고〉'안전보건교육훈련 계획수립 및 실시에 관한 지침'[62]에서의 안전보건교육의 원리

한국산업안전보건공단의 기술적 권고지침인 KOSHA GUIDE 중에도 안전보건교육훈련에 관한 지침이 있다. 'KOSHA GUIDE Z-11-2022'는 안전보건교육의 원리로 다음의 9가지를 제시하고 있는데, 성인학습자의 특성에 잘 반영되어 있다.

① 자기 동기부여: 학습자들은 스스로 동기 부여될 때 잘 배운다.
② 필요한 정보 제공: 학습자들은 그들의 삶에 즉시 적용할 수 있는 것들을 배우고 싶어 한다.
③ 풍부한 인생 경험 공유: 학습자들은 그들의 경험을 공유해주도록 요청받을 때 더 잘 배운다.

---

62) KOSHA GUIDE Z-11-2022(2022.12, 한국산업안전보건공단).

④ 존중 대우: 학습자들은 그들을 폄하거나 그들의 생각과 우려를 무시하는 강사에게 분노한다.
⑤ 학습 과정 참여: 학습자들은 강사뿐만 아니라 다른 학습자들과의 교류를 통해 더 잘 배울 수 있다.
⑥ 행동을 통해 배움: 실제 행동은 지식과 기술을 개발시키는 가장 효과적인 방법이다.
⑦ 학습 방향 제시: 학습자들은 자신이 어디로 향하고 있는지 알아야 한다.
⑧ 강화 및 반복: 학습자들은 새로운 정보를 강화하고 반복할 때 가장 잘 배운다.
⑨ 다양한 교수법: 학습자들은 강사가 다양한 학습 방법을 사용할 때 더 잘 배운다.

이러한 KOSHA GUIDE의 '안전보건교육의 원리'는 전술한 성인학습자의 특성과 내용 면에서 일맥상통한다.

성인학습전략

성인학습의 전략에 관하여도 다양한 교육학 이론들이 있다. 여기서는 대표적으로 콜브(David A. Kolb)의 경험학습 모형과 켈러(John M. Keller)의 ARCS 모형을 소개하고자 한다.

① 경험학습 모형

성인은 아동·청소년보다 더 많이 경험에 의지하여 학습한다. 따라서 성인학습 이론은 '교육은 경험의 재구성'이라는 존 듀이(John Dewey)의 경험주의에 많은 영향을 받았고, 콜브(D. A. Kolb)의 경험학습 모형도 그런 배경 속에서 등장하였다. 콜브는 경험을 통한 학습의 과정을 '구체적 경험(Concrete Experience)-반성적 관찰(Reflective Observation)-추상적 개념화(Abstract Conceptualizing)-능동적 실험(Active Experimentation)'이라는 네 가지 단계의 순환과정으로 구조화하였다.

'구체적 경험'은 실제적인 경험을 새롭게 하는 단계다. 다음, '반성적 관찰'은 경험한 것을 서로 다른 관점에서 해석하고 반추하는 단계다. 다음, '추상적 개념화'는 관찰된 내용을 하나의 체계로 통합하기 위하여 아이디어와 개념을 창출하는 단계다. 마지막, '능동적 실험'은 개념화를 통해 정리된 체계를 바탕으로 실제적인 결정을 내리고 문제를 해결하는 단계다.

〈데이비드 콜브의 경험학습 모형〉

출처: 브런치 스토리, 구기욱

경험학습 모형은 안전보건교육이나 여타의 직무교육에 대해서도 시사하는 바가 크다. 이상적인 안전보건교육은 현장 실무자들이 실제로 안전 또는 유해·위험요소에 관하여 경험한 것을, 그들과 함께 여러 관점에서 반추해 보고, 이를 전사 차원에서 더 수준 높은 안전경영문화로 체계화한 후, 이를 다시 현장에 적용하여 안전 또는 유해·위험요소에 관한 문제를 해결하는 것이기 때문이다.

② ARCS 모형

학습동기유발 교수설계이론인 'ARCS 모형'은 교육 효과를 높이는 교수설계 고려요소로서 주의집중(Attention), 관련성(Relevance), 자신감(Confidence), 만족감(Satisfaction)을 제시한다.

▶ 주의집중(Attention) 유발과 지속

학습의 동기를 유발하기 위해 무엇보다 학습자의 주의집중이 필요하다. 학습자의 주의력을 끌어내고 유지하여야 하는 것이다.

학습자의 주의력을 끌어내기 위한 방법으로는 ① 시청각 매체 활용 ② 비일상적 내용 제시(이상 지각적 각성 전략) ③ 질문을 통한 사고 유도 ④ 과제를 부여하여 문제해결 활동 장려(이상 탐구적 각성 전략) ⑤ 정보제시, 연습, 시험 등 간결하고 다양한 교수형태 활용 ⑥ 강의식과 토론식의 혼합(이상 변화성 전략) 등을 들고 있다.

예를 들어 안전 또는 위험에 관한 기존의 사고와 모순되거나 역설적인 상황을 소개하는 것, 유해·위험요소를 직접 체험-다만 위험하지 않은 선 내에서 하게 함으로써 학습자의 오감을 활성화하는 것, 작업영상이나 사고영상 등을 보여줄 때 처음에는 부분적인 제시만 하여 궁금증을 유발하고 이후에 전개될 내용에 대하여 예측하도록 유도하는 것, 앞에서 설명한, 집단토의를 비롯한 다양한 참여적 교수학습방법을 활용하는 것 등을 통해 학습자의 주의집중을 유발하면 좋을 것이다.

▶ 관련성(Relevance) 확립과 지원

학습동기 유발을 위하여 교육을 학습자의 필요와 흥미에 관련시킨다는 것이다. 학습자의 욕구와 목표를 자극하고 학습자의 경험을 활용한다.

관련성을 높이는 방법으로는 ① 학습자의 실제적인 필요를 충족시키는 학습목표 제시(목적 지향성 전략), ② 개별 학습자의 수준에 맞게 개별 학습목표 제시(모티브 일치 전략), ③ 학습자의 경험과 연관된 사례를 제시, ④추상적인 개념을 그림 등으로 구체화하여 제시(이상 친밀성 전략) 등이 있다.

안전보건교육이 근로자들의 생명·신체를 보호하고 가족을 지키는 데 실제적인 효과가 있다는 것을 가까운 사례, 재해자 인터뷰 등을 통해 실감나게 제시한다거나, 안전보건교육을 작업이나 공정별로 세부화하여 근로자의 실제 경험과 관련성 높도록 교육을 실시한다거나, 아차 사고나 실제 사고 시 근로자들이 경험한 심리적 상태를 다른 근로자들 앞에서 발표하는 방식을 가미하는 것 등이 그 예가 될 것이다.

▶ **자신감**(Confidence)

학습자들에게 성취에 대한 자신감을 갖도록 하여 도전의식을 심어준다.

자신감을 높이는 방법으로는 ① 학습목표, 선수학습정도, 평가기준 등을 명확하게 제시(학습필요조건 전략), ② 쉬운 내용부터 어려운 내용으로 순차적 강화, ③ 적정 수준의 난이도 유지(성공기회 전략), ④ 학습자가 학습의 반복, 학습속도 등을 조절 가능(개인적 통제감 전략) 등을 들고 있다.

예를 들어 일상 업무 중에 지키는 작은 안전 준수사항부터 소개함으로써 안전준수나 안전문화 정착이 어렵거나 멀리 있지 않다는 것을 일깨워주는 것, 학습자별로 안전교육 이해 및 체화에 관하여 수준 차이가 있음을 인정하고 그 수준에 따라 나누어 교육을 진행하고 초급자들에게는 충분한 시간을 주는 것, 한번 실시한 교육내용이라 하더라도 주기적으로 반복 실시하는 것 등을 실천할 수 있다.

▶ **만족감**(Satisfaction)

적절한 적용기회와 피드백을 제공하여 학습 결과에 대하여 만족감을 갖게 한다.

만족감을 높이는 방법으로는 ① 학습자가 학습내용을 실제상황에 적용할 수 있도록 설계(적용기회 전략,) ② 학습결과에 대하여 보상 또는 긍정적 피드백 제공

(긍정적 결과 전략), ③ 학습 목표-내용-평가 사이에 일관성 유지(공정성 전략) 등
이 있다.

　예로써, 안전교육이 실질적으로 학습자들의 궁금증을 해소해 주고 근로자들의
안전 상태를 더 나아지도록 돕고 있으며 자신이 이 조직에서 매우 중요한 존재라
고 그들 스스로 여길 수 있도록 실효성 있게 교육설계를 하는 것, 안전교육 이수와
안전준수행동에 대하여 인센티브, 복지, 처우 등에서 실제적이면서 과감한 보상을
하는 것, 안전교육 중에도 우수자들에게 찬사를 하거나 상품을 수여하는 등 즉각
적으로 보상하는 것, 교육 결과에 대하여 평가를 할 경우 최대한 일관성 있고 공정
하게 하는 것 등을 실천하면 좋을 것이다.

05

산업안전보건 법정교육에 관한 기본지식

"for Risk Zero Workplace!"

안전보건 실무자는 산업안전보건에 관한 법정 의무사항을 정확히 알고 이를 이행하여야 한다. 중요한 의무사항 중 하나가 법정 안전보건교육이다. 다음에서는 기업이 반드시 실시하여 증빙하여야 하는 안전보건교육에 대해 정리해 보고자 한다. 안전보건교육에 대해서도 이미 고용노동부, 한국산업안전보건공단, 산업안전교육원의 정부·공공기관은 물론 많은 민간기관에서도 좋은 자료를 배포하여 안전보건교육 의무이행 및 내실화를 위해 노력하고 있다. 여기서는 법정 의무사항의 기본적인 내용 위주로 소개한다.

산업안전보건교육 체계

현행 산업안전보건법령 상 안전보건교육 체계는 다음과 같다.[63]

---

63) 고용노동부 (2024). 안전보건교육 안내서. p. 2.

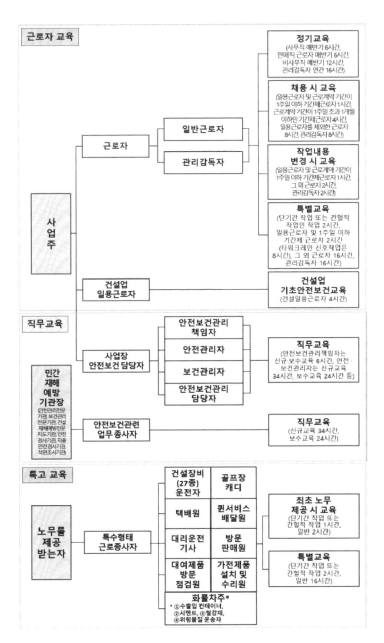

〈산업안전보건교육 체계도(고용노동부, 안전보건교육 안내서)〉

이를 표로 정리하면 다음과 같다.

《산업안전보건교육의 체계》

구분	교육 실시 의무자	교육대상	실시교육	비고
근로자 안전보건 교육	사업주	일반근로자	정기 교육	
			채용 시 교육	
			작업내용 변경이 교육	
			특별 교육	
		관리감독자	정기 교육	
			채용 시 교육	
			작업내용 변경이 교육	
			특별 교육	
		건설업 일용근로자	건설업 기초안전보건교육	
안전보건 종사자 직무교육		안전보건관리 책임자	직무 교육	
		안전관리자		
		보건관리자		
		안전보건관리 담당자		
	민간재해 예방기관장	재해예방기관 종사자		
특수형태 근로종사자 안전보건 교육	노무를 제공받는 자	특수형태근로 종사자 (건설장비운전자 등)	최초 노무 제공 시 교육	
			특별 교육	

각 교육별로 법정시간과 교육내용을 살펴보자.

산업안전보건교육의 실시 시간 · 주기

안전교육별 교육시간 및 실시주기는 다음과 같다. 주기가 없는 교육은 1회 받음으로써 법적 요구사항을 충족한다.

1.근로자 안전보건교육

(1) 일반근로자 안전보건교육[64]

《일반근로자가 받는 네 가지 안전보건교육 시간》

교육과정	교육대상	시기·시간
채용 시 교육	일용근로자 및 근로계약기간 1주일 이하 기간제근로자	1시간 이상
	근로계약기간 1주일 초과 1개월 이하 기간제근로자	4시간 이상
	그 밖의 근로자	8시간 이상
작업내용 변경 시 교육	일용근로자 및 근로계약기간 1주일 이하 기간제근로자	1시간 이상
	그 밖의 근로자	2시간 이상
특별 교육	일용근로자 및 근로계약기간 1주일 이하 기간제근로자(타워크레인 신호작업 종사 근로자 제외)	2시간 이상
	타워크레인 신호작업에 종사하는 일용근로자 또는 근로계약기간 1주일 이하 기간제근로자	8시간 이상
	위의 단기근로자 외의 근로자	16시간 이상

(2) 관리감독자 안전보건교육

《관리감독자가 받는 네 가지 안전보건교육 시간》

교육과정	시기·시간
정기 교육	연간 16시간 이상
채용 시 교육	8시간 이상
작업내용 변경 시 교육	2시간 이상
특별 교육	16시간 이상(예외 있음)

---

[64] 산업안전보건법 제29조, 산업안전보건법 시행규칙 제26조 등

(3) 건설업 일용근로자 기초안전보건교육[65]

《건설업 일용근로자 기초안전보건교육 시간》

교육과정	교육대상	시기·시간
건설업 기초 안전보건교육	건설업 일용근로자	4시간 이상

2. 안전보건종사자 직무교육[66]

《안전보건종사자 직무교육 시간》

교육대상	시기·시간	
	신규교육	보수교육[67]
안전보건관리책임자	6시간 이상	6시간 이상
안전관리자, 보건관리자	34시간 이상	24시간 이상
안전보건관리담당자	-	8시간 이상
재해예방기관 종사자	34시간 이상	24시간 이상

3. 특수형태근로자 안전보건교육[68]

《특수형태근로자 안전보건교육 시간》

교육과정	시기·시간
최초 노무제공 시 교육	2시간 이상(예외 있음)
특별 교육	16시간 이상(예외 있음)

---

65) 산업안전보건법 제31조, 산업안전보건법 시행규칙 제28조 등
66) 산업안전보건법 제32조, 산업안전보건법 시행규칙 제26조 등
67) 보수교육은 신규교육 후 매 2년이 되는 날을 기준으로 전후 6개월 사이 이수하여야 한다.
68) 산업안전보건법 제77조, 산업안전보건법 시행규칙 제95조 등

산업안전보건교육의 내용

안전교육별로 포함하여어 하는 내용은 다음과 같다. 법규사항이니 해당하는 모든 사항을 빠뜨리지 않아야 하지만, 1회 교육에 모든 내용을 포함할 필요는 없다. 그러므로 안전보건교육계획을 잘 세워 여러 번의 교육에 나누어 해당 내용을 배치하면 좋을 것이다. 아울러 '산업안전 및 사고 예방에 관한 사항'이나 '산업보건 및 직업병 예방에 관한 사항'처럼 교육 내용 중 다소 포괄적으로 규정하고 있는 사항도 있고, 반면 '사고 발생 시 긴급조치에 관한 사항'이나 '물질안전보건자료에 관한 사항'같이 보다 구체적으로 규정한 사항도 있으니, 구체적 사항에 대해서는 빠뜨리지 않되 포괄적 사항에 대해서는 융통성 있게 교육 내용 구성을 하면 좋을 것이다.

1. 근로자 안전보건교육

(1) 일반근로자 안전보건교육[69]

《일반근로자가 받는 네 가지 안전보건교육의 내용》

교육과정	교육 내용
정기 교육	○ 산업안전 및 사고 예방에 관한 사항 ○ 산업보건 및 직업병 예방에 관한 사항 ○ 위험성 평가에 관한 사항 ○ 건강증진 및 질병 예방에 관한 사항 ○ 유해 · 위험 작업환경 관리에 관한 사항 ○ 산업안전보건법령 및 산업재해보상보험 제도에 관한 사항 ○ 직무스트레스 예방 및 관리에 관한 사항 ○ 직장 내 괴롭힘, 고객의 폭언 등으로 인한 건강장해 예방 및 관리에 관한 사항

---

69) 산업안전보건법 시행규칙 [별표 5] 참조

채용 시 교육	○ 산업안전 및 사고 예방에 관한 사항
작업내용 변경 시 교육	○ 산업보건 및 직업병 예방에 관한 사항
	○ 위험성 평가에 관한 사항
	○ 산업안전보건법령 및 산업재해보상보험 제도에 관한 사항
	○ 직무스트레스 예방 및 관리에 관한 사항
	○ 직장 내 괴롭힘, 고객의 폭언 등으로 인한 건강장해 예방 및 관리에 관한 사항
	○ 기계·기구의 위험성과 작업의 순서 및 동선에 관한 사항
	○ 작업 개시 전 점검에 관한 사항
	○ 정리정돈 및 청소에 관한 사항
	○ 사고 발생 시 긴급조치에 관한 사항
	○ 물질안전보건자료에 관한 사항
특별 교육	채용 시, 작업내용 변경 시 교육 내용 외 39가지 개별 작업 별 교육내용 있음

(2) 관리감독자 안전보건교육

《관리감독자가 받는 네 가지 안전보건교육의 내용》

교육과정	교육 내용
정기 교육	○ 산업안전 및 사고 예방에 관한 사항 ○ 산업보건 및 직업병 예방에 관한 사항 ○ 위험성평가에 관한 사항 ○ 유해·위험 작업환경 관리에 관한 사항 ○ 산업안전보건법령 및 산업재해보상보험 제도에 관한 사항 ○ 직무스트레스 예방 및 관리에 관한 사항 ○ 직장 내 괴롭힘, 고객의 폭언 등으로 인한 건강장해 예방 및 관리에 관한 사항 ○ 작업공정의 유해·위험과 재해 예방대책에 관한 사항 ○ 사업장 내 안전보건관리체제 및 안전·보건조치 현황에 관한 사항 ○ 표준안전 작업방법 결정 및 지도·감독 요령에 관한 사항 ○ 현장근로자와의 의사소통능력 및 강의능력 등 안전보건교육 능력 배양에 관한 사항 ○ 비상시 또는 재해 발생 시 긴급조치에 관한 사항 ○ 그 밖의 관리감독자의 직무에 관한 사항

채용 시 교육	○ 산업안전 및 사고 예방에 관한 사항
작업내용 변경 시 교육	○ 산업보건 및 직업병 예방에 관한 사항
	○ 위험성평가에 관한 사항
	○ 산업안전보건법령 및 산업재해보상보험 제도에 관한 사항
	○ 직무스트레스 예방 및 관리에 관한 사항
	○ 직장 내 괴롭힘, 고객의 폭언 등으로 인한 건강장해 예방 및 관리에 관한 사항
	○ 기계·기구의 위험성과 작업의 순서 및 동선에 관한 사항
	○ 작업 개시 전 점검에 관한 사항
	○ 물질안전보건자료에 관한 사항
	○ 사업장 내 안전보건관리체제 및 안전·보건조치 현황에 관한 사항
	○ 표준안전 작업방법 결정 및 지도·감독 요령에 관한 사항
	○ 비상시 또는 재해 발생 시 긴급조치에 관한 사항
	○ 그 밖의 관리감독자의 직무에 관한 사항
특별 교육	채용 시, 작업내용 변경 시 교육 내용 외 39가지 개별 작업 별 교육내용 있음

(3) 건설업 일용근로자 기초안전보건교육

《건설업 일용근로자가 받는 기초안전보건교육의 내용》

교육과정	교육내용	시간
건설업 기초 안전보건교육	건설공사의 종류(건축·토목 등) 및 시공 절차	1시간
	산업재해 유형별 위험요인 및 안전보건조치	2시간
	안전보건관리체제 현황 및 산업안전보건 관련 근로자 권리·의무	1시간

2. 안전보건종사자 직무교육

《안전보건 종사자 직무교육의 내용》

교육대상	교육내용	
	신규교육	보수교육
안전보건관리 책임자	○ 관리책임자의 책임과 직무에 관한 사항 ○ 산업안전보건법령 및 안전·보건조치에 관한 사항	○ 산업안전·보건정책에 관한 사항 ○ 자율안전·보건관리에 관한 사항
안전관리자 및 안전관리전문기관 종사자	○ 산업안전보건법령에 관한 사항 ○ 산업안전보건개론에 관한 사항 ○ 인간공학 및 산업심리에 관한 사항 ○ 안전보건교육방법에 관한 사항 ○ 재해 발생 시 응급처치에 관한 사항 ○ 안전점검·평가 및 재해 분석기법에 관한 사항 ○ 안전기준 및 개인보호구 등 분야별 재해예방 실무에 관한 사항 ○ 산업안전보건관리비 계상 및 사용기준에 관한 사항 ○ 작업환경 개선 등 산업위생 분야에 관한 사항 ○ 무재해운동 추진기법 및 실무에 관한 사항 ○ 위험성평가에 관한 사항 ○ 그 밖에 안전관리자의 직무 향상을 위하여 필요한 사항	○ 산업안전보건법령 및 정책에 관한 사항 ○ 안전관리계획 및 안전보건개선계획의 수립·평가·실무에 관한 사항 ○ 안전보건교육 및 무재해운동 추진 실무에 관한 사항 ○ 산업안전보건관리비 사용기준 및 사용방법에 관한 사항 ○ 분야별 재해 사례 및 개선 사례에 관한 연구와 실무에 관한 사항 ○ 사업장 안전 개선기법에 관한 사항 ○ 위험성평가에 관한 사항 ○ 그 밖에 안전관리자 직무 향상을 위하여 필요한 사항
보건관리자 및 보건관리전문기관 종사자	○ 산업안전보건법령 및 작업환경측정에 관한 사항 ○ 산업안전보건개론에 관한 사항 ○ 안전보건교육방법에 관한 사항 ○ 산업보건관리계획 수립·평가 및 산업역학에 관한 사항 ○ 작업환경 및 직업병 예방에 관한 사항	○ 산업안전보건법령, 정책 및 작업환경 관리에 관한 사항 ○ 산업보건관리계획 수립·평가 및 안전보건교육 추진 요령에 관한 사항 ○ 근로자 건강 증진 및 구급환자 관리에 관한 사항 ○ 산업위생 및 산업환기에 관한 사항

		○ 작업환경 개선에 관한 사항(소음·분진·관리대상 유해물질 및 유해광선 등) ○ 산업역학 및 통계에 관한 사항 ○ 산업환기에 관한 사항 ○ 안전보건관리의 체제·규정 및 보건관리자 역할에 관한 사항 ○ 보건관리계획 및 운용에 관한 사항 ○ 근로자 건강관리 및 응급처치에 관한 사항 ○ 위험성평가에 관한 사항 ○ 감염병 예방에 관한 사항 ○ 자살 예방에 관한 사항 ○ 그 밖에 보건관리자의 직무 향상을 위하여 필요한 사항	○ 직업병 사례 연구에 관한 사항 ○ 유해물질별 작업환경 관리에 관한 사항 ○ 위험성평가에 관한 사항 ○ 감염병 예방에 관한 사항 ○ 자살 예방에 관한 사항 ○ 그 밖에 보건관리자 직무 향상을 위하여 필요한 사항
	안전보건관리 담당자	-	○ 위험성평가에 관한 사항 ○ 안전·보건교육방법에 관한 사항 ○ 사업장 순회점검 및 지도에 관한 사항 ○ 기계·기구의 적격품 선정에 관한 사항 ○ 산업재해 통계의 유지·관리 및 조사에 관한 사항 ○ 그 밖에 안전보건관리담당자 직무 향상을 위하여 필요한 사항
재해예방기관종사자	건설재해예방 전문지도기관 종사자	○ 산업안전보건법령 및 정책에 관한 사항 ○ 분야별 재해사례 연구에 관한 사항 ○ 새로운 공법 소개에 관한 사항 ○ 사업장 안전관리기법에 관한 사항 ○ 위험성평가의 실시에 관한 사항 ○ 그 밖에 직무 향상을 위하여 필요한 사항	○ 산업안전보건법령 및 정책에 관한 사항 ○ 분야별 재해사례 연구에 관한 사항 ○ 새로운 공법 소개에 관한 사항 ○ 사업장 안전관리기법에 관한 사항 ○ 위험성평가의 실시에 관한 사항 ○ 그 밖에 직무 향상을 위하여 필요한 사항

		○ 석면 제품의 종류 및 구별 방법에 관한 사항 ○ 석면에 의한 건강유해성에 관한 사항 ○ 석면 관련 법령 및 제도(법,「석면안전관리법」및「건축법」등)에 관한 사항 ○ 법 및 산업안전보건 정책방향에 관한 사항 ○ 석면 시료채취 및 분석 방법에 관한 사항 ○ 보호구 착용 방법에 관한 사항 ○ 석면조사결과서 및 석면지도 작성 방법에 관한 사항 ○ 석면 조사 실습에 관한 사항	○ 석면 관련 법령 및 제도(법,「석면안전관리법」및「건축법」등)에 관한 사항 ○ 실내공기오염 관리(또는 작업환경측정 및 관리)에 관한 사항 ○ 산업안전보건 정책방향에 관한 사항 ○ 건축물·설비 구조의 이해에 관한 사항 ○ 건축물·설비 내 석면함유 자재 사용 및 시공·제거 방법에 관한 사항 ○ 보호구 선택 및 관리방법에 관한 사항 ○ 석면해체·제거작업 및 석면 흩날림 방지 계획 수립 및 평가에 관한 사항 ○ 건축물 석면조사 시 위해도평가 및 석면지도 작성·관리 실무에 관한 사항 ○ 건축 자재의 종류별 석면조사실무에 관한 사항
석면 조사기관 종사자		
안전검사 기관 및 자율안전 검사기관	○ 산업안전보건법령에 관한 사항 ○ 기계, 장비의 주요장치에 관한 사항 ○ 측정기기 작동 방법에 관한 사항 ○ 공통점검 사항 및 주요 위험요인별 점검내용에 관한 사항 ○ 기계, 장비의 주요안전장치에 관한 사항 ○ 검사시 안전보건 유의사항 ○ 기계·전기·화공 등 공학적 기초 지식에 관한 사항 ○ 검사원의 직무윤리에 관한 사항 ○ 그 밖에 종사자의 직무 향상을 위하여 필요한 사항	○ 산업안전보건법령 및 정책에 관한 사항 ○ 주요 위험요인별 점검내용에 관한 사항 ○ 기계, 장비의 주요장치와 안전장치에 관한 심화과정 ○ 검사시 안전보건 유의 사항 ○ 구조해석, 용접, 피로, 파괴, 피해예측, 작업환기, 위험성평가 등에 관한 사항 ○ 검사대상 기계별 재해 사례 및 개선 사례에 관한 연구와 실무에 관한 사항 ○ 검사원의 직무윤리에 관한 사항 ○ 그 밖에 종사자의 직무 향상을 위하여 필요한 사항

3. 특수형태근로자 안전보건교육

《특수형태근로자 안전보건교육의 내용》

교육과정	시기·시간
최초 노무제공 시 교육	아래의 내용 중 특수형태근로종사자의 직무에 적합한 내용을 교육해야 한다. ○ 산업안전 및 사고 예방에 관한 사항 ○ 산업보건 및 직업병 예방에 관한 사항 ○ 건강증진 및 질병 예방에 관한 사항 ○ 유해·위험 작업환경 관리에 관한 사항 ○ 산업안전보건법령 및 산업재해보상보험 제도에 관한 사항 ○ 직무스트레스 예방 및 관리에 관한 사항 ○ 직장 내 괴롭힘, 고객의 폭언 등으로 인한 건강장해 예방 및 관리에 관한 사항 ○ 기계·기구의 위험성과 작업의 순서 및 동선에 관한 사항 ○ 작업 개시 전 점검에 관한 사항 ○ 정리정돈 및 청소에 관한 사항 ○ 사고 발생 시 긴급조치에 관한 사항 ○ 물질안전보건자료에 관한 사항 ○ 교통안전 및 운전안전에 관한 사항 ○ 보호구 착용에 관한 사항
특별 교육	최초 노무제공 시 교육 내용 외 39가지 개별 작업 별 교육내용 있음

06

계층별 요구역량과 안전보건교육

"for Risk Zero Workplace!"

산업안전보건법령은 안전보건관리책임자, 관리감독자, 일반근로자 등의 안전보건교육에 관한 내용을 달리 규정하고 있는데, '리더십'이라는 관점에서 전개해 보겠다.

리더십과 직무 역량

조직 내에서 직위에 따라 필요한 직무역량이 다르다. 경영자 등 조직 전체를 아우르는 리더십은 보다 거시적이고 전략적인 사고역량을 갖추어야 한다.

현장 실무자들에게는 거시적 안목이나 전략적 사고보다 현장에 필요한 전문기술이 더 중요한 역량이다.

경영진과 현장 실무자 사이에서 가교 역할을 하는 중간관리자들은 거시적 사고능력과 미시적 전문기술이 필요하다. 의사소통 역량까지 갖추면 더할 나위 없다. 이를 도식화하면 다음과 같다.

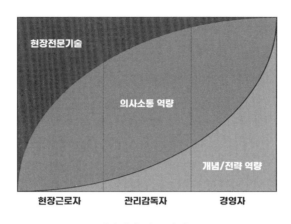

현장전문기술

의사소통 역량

개념/전략 역량

| 현장근로자 | 관리감독자 | 경영자 |

〈직위별 필요 역량〉

　기업의 인적자원개발(HRD) 부서에서는 이러한 리더십별 필요 역량의 중요성을 인식하고 사내 교육이나 승진제도에 활용하고 있다. 다음은 어느 회사의 인재개발부서가 정해 놓은 '직급별 필수 역량'표이다.[70] 리더십 또는 팔로워십에 따라 중요 역량이 다르고 이를 조직의 인사제도에 반영하겠다는 문제의식이 엿보인다.

《A기업의 직급별 필수 역량(예시)》

직급	필수 역량
임원	· 조정 · 통솔력 · 변화 · 다양성 관리 · 방향 · 목표 제시
부장	· 하급자 육성능력 · 열린 사고 · 전략적 사고

---

70)　장원섭 (2021). 인적자원개발 이론과 실천. p. 105. 학지사. 수정인용

차장	· 계획 수립 능력 · 의사소통 능력 · 문제해결력
과장 · 대리	· 자기주도성 · 중 · 고급 업무기술 · 업무 네트워크
주임 · 사원	· 공동체 의식 · 초급 업무기술 · 팀워크 능력

리더십과 안전보건 역량

산업안전보건에 관한 역량도 다르지 않다. 경영자(안전보건관리책임자 포함)는 안전보건에 관한 거시적 관점을 갖추고 전략적으로 사고하여야 한다. 중간관리자 (관리감독자, 안전관리자 등 포함)는 경영자의 거시적 관점을 이해하면서 안전보건에 관한 실무 지식 및 기술에 대해서도 잊지 않아야 한다.

무엇보다 중간관리자로서 팀원과의 관계에서, 경영진과의 관계에서 안전에 관한 의사소통 역량이 중요하다. 현장 실무자(일반 근로자)의 안전역량은 주로 기술적인 부분에 초점이 맞춰질 것이다. 이 리더십 별 안전역량을 이해하면서 교육 설계를 하면 보다 실효성 있는 안전보건교육이 될 것이다.

《리더십별 안전보건교육 내용 및 중점사항》

리더십	교육 내용(산업안전보건법령)	중점사항
경영진 (안전보건 관리책임자)	○ 관리책임자의 책임과 직무에 관한 사항 ○ 산업안전보건법령 및 안전·보건조치에 관한 사항 ○ 산업안전·보건정책에 관한 사항 ○ 자율안전·보건관리에 관한 사항	산업안전보건에 관한 거시적, 전략적 역량 제고
중간관리자 (관리감독자)	○ 산업안전 및 사고 예방에 관한 사항 ○ 산업보건 및 직업병 예방에 관한 사항 ○ 위험성평가에 관한 사항 ○ 유해·위험 작업환경 관리에 관한 사항 ○ 산업안전보건법령 및 산업재해보상보험 제도에 관한 사항 ○ 직무스트레스 예방 및 관리에 관한 사항 ○ 직장 내 괴롭힘, 고객의 폭언 등으로 인한 건강장해 예방 　및 관리에 관한 사항 ○ 작업공정의 유해·위험과 재해 예방대책에 관한 사항 ○ 사업장 내 안전보건관리체제 및 안전·보건조치 현황에 　관한 사항 ○ 표준안전 작업방법 결정 및 지도·감독 요령에 관한 사항 ○ 현장근로자와의 의사소통능력 및 강의능력 등 안전보건교 　육 능력 배양에 관한 사항 ○ 비상시 또는 재해 발생 시 긴급조치에 관한 사항 ○ 그 밖의 관리감독자의 직무에 관한 사항	산업안전보건에 관한 의사소통 역량 제고
현장실무자 (일반 근로자)	○ 산업안전 및 사고 예방에 관한 사항 ○ 산업보건 및 직업병 예방에 관한 사항 ○ 위험성 평가에 관한 사항 ○ 건강증진 및 질병 예방에 관한 사항 ○ 유해·위험 작업환경 관리에 관한 사항 ○ 산업안전보건법령 및 산업재해보상보험 제도에 관한 사항 ○ 직무스트레스 예방 및 관리에 관한 사항 ○ 직장 내 괴롭힘, 고객의 폭언 등으로 인한 건강장해 예방 　및 관리에 관한 사항	산업안전보건에 관한 실무적 지식, 기술, 태도 습득

참고문헌

고용노동부 (2024). 2023. 12월말 산업재해현황.

고용노동부 (2024). 2023 중대재해 사이렌.

고용노동부 (2024). 안전보건교육규정(고용노동부고시 제2024-20호).

고용노동부 (2024). 안전보건교육 안내서.

고용노동부 (2023). 중대재해 사고백서, 2023 아직 위험은 끝나지 않았다.

송상호 (2021). 매력적인 수업전략: ARCS 활용사례 워크북. 도서출판딱.

이재희 (2009). 강의에 활력을 불어넣는 교수법 테크닉. 한국생산성본부.

장원섭 (2021). 인적자원개발 이론과 실천. 학지사.

한국산업안전보건공단 (2022). 안전보건교육훈련 계획수립 및 실시에 관한 지침(KOSHA GUIDE Z-11-2022).

EBS (2014). 교육대기획 6부작, 왜 우리는 대학에 가는가. 한국교육방송공사.

Keller, J. M. (2013). 학습과 수행을 위한 동기 설계: ARCS 모형 접근. 아카데미프레스.

Kolb, D. A. (1984). Experiential Learning: Experience as the Source of Learning and Development. Englewood Cliffs, NJ: Prentice Hall.

국가법령정보센터 홈페이지(https://www.law.go.kr/).

한국산업안전보건공단 홈페이지(https://www.kosha.or.kr).

제8장

안전경영문화
측정 및 전략적 활용

01

솔루션 없는 시스템, 시스템 없는 솔루션

"for Risk Zero Workplace!"

"측정하지 않으면 관리하지 못한다."

이 말은 조직의 다양한 측면에서 정량적 또는 정성적 데이터를 수집하고 분석하여 관리 및 개선을 위한 근거를 마련해야 한다는 의미를 담고 있다. 안전관리 분야에서도 중요한 원칙으로 적용되는 메시지다. 시스템은 존재하는데, 솔루션이 없거나 솔루션은 있는데 시스템이 없는 조직들이 새겨둘 만한 얘기라는 생각이 든다.

우리나라 조직들은 그동안 많은 경영시스템을 도입해 왔다. 품질경영시스템(ISO 9001)에서부터 시작하여 안전보건경영시스템(ISO 45001)에 이르기까지 두꺼운 문서 파일들로 사무실 캐비닛이 넘치고 있다.

그 문서들이 과연 조직의 현안 문제를 해결하는 데 도움이 되고 있는가? 도움이 되고 있지 못하다면 그 이유가 무엇이라고 생각하는가?

실행이 없기 때문이 아닌가?

실행이 없는 시스템은 한낱 쓰레기에 불과한데, 그 쓰레기들을 계속해서 양산하고 있으니 안타까울 뿐이다.

솔루션이 없는 시스템이 문제가 되는 이유는 여러 가지겠으나, 그 중 하나가 실행에 확신을 가질 만한 측정된 데이터 기반이 약하기 때문이 아닐까 싶다.

데이터를 이용한 안전관리의 유익성

측정된 데이터를 통하여 안전관리를 하는 것은 현대 안전관리의 핵심적인 요소 중 하나이다. 이는 단순한 절차나 지침에 의존하는 것이 아니라, 실제 데이터에 기반하여 의사결정을 내리고, 안전관리 효과를 높이는 방법이다. 데이터를 활용한 안전관리가 제공하는 유익한 점은 다음과 같다.

▶ 예방적 조치 가능

문제 조기 식별: 데이터를 통해 잠재적인 위험 요소를 미리 파악할 수 있다. 예를 들어, 장비의 이상 동작 데이터나 근로자의 안전 행동 패턴을 분석하여, 문제가 발생하기 전에 미리 조치를 취할 수 있을 것이다.

예측 모델: 과거 데이터를 바탕으로 사고 발생 가능성을 예측할 수 있다. 이를 통해 사고가 발생할 수 있는 고위험 작업이나 상황을 사전에 인지하고 예방할 수 있다.

▶ 실시간 모니터링과 대응

즉각적인 알림: 센서나 모니터링 시스템을 통해 실시간으로 데이터를 수집하고 분석하여, 이상 상황이 감지되면 즉각적으로 알림을 제공할 수 있다. 이를 통해 빠른 대응이 가능해진다.

빠른 의사결정: 실시간 데이터는 현장에서 즉각적인 의사결정을 내리는 데 중요한 역할을 한다. 이는 사고 발생 시, 피해를 최소화하고 신속하게 대응할 수 있도록 도와준다.

▶ 객관적 평가 및 개선

성과 측정: 안전관리 활동의 성과를 데이터로 측정할 수 있다. 이를 통해 어떤 활동이 효과적이고, 어떤 부분이 개선이 필요한지 객관적으로 평가하는 게 가능해진다.

지속적인 개선: 데이터를 통해 지속적으로 안전 관리 시스템을 개선할 수 있다. 데이터 분석을 통해 새로운 위험 요소를 파악하고, 안전 관리 방안을 개선할 수 있다.

▶ 근로자 참여와 의식 향상

투명성 증대: 데이터 기반의 안전 관리는 근로자들에게 투명한 정보를 제공하여, 안전에 대한 신뢰도를 높일 수 있다.

의식 개선: 근로자들은 데이터를 통해 자신의 안전 행동이 어떻게 평가되는지 알 수 있으며, 이를 통해 안전 의식이 개선될 수 있을 것이다.

시스템 없는 솔루션의 문제

위의 경우와는 반대로, 소기업 소상공인 현장에서 많이 볼 수 있는 현상의 하나는 솔루션은 있는데 시스템이 없어서 문제가 되는 경우가 많다는 것이다. 솔루션은 있는데 시스템이 없는 상태는 특정 문제에 대한 해결책(솔루션)이 존재하지만, 그 해결책을 지속적이고 체계적으로 관리하거나 실행할 수 있는 시스템이 부재한 상태를 의미한다. 안전관리 측면에서 이러한 상황은 다양한 문제점을 초래할 수 있다.

▶ 일관성 부족

솔루션은 일시적으로 문제를 해결할 수 있으나, 이를 지속적으로 유지하고 적용하기 위한 시스템이 없으면 일관된 실행이 어렵다. 그리고 개인별로 솔루션의 적용 방식이나 범위가 달라질 수 있으니, 이는 안전관리의 일관성을 저해할 수 있다.

▶ 문제의 근본적 해결 부족

솔루션은 특정 상황에 대한 일시적인 대응책일 수 있으나, 근본적인 문제를 해결하기 위해서는 전체적인 시스템이 필요하다. 예를 들어, 보호구를 착용하도록 지시하는 것은 솔루션이지만, 지속적으로 보호구 착용 여부를 모니터링하고 관리하는 시스템이 없다면 근본적인 안전문화가 형성되지 않는다.

▶ 정보의 비체계적 관리

시스템이 없으면 안전 관련 데이터의 체계적인 수집, 저장, 분석이 어렵다. 이는 사고 원인 분석이나 예방 활동에 필요한 정보를 얻는 데 한계를 가진다는 뜻이다. 또한 시스템이 부재하면 안전 관련 지식이나 솔루션의 효과성을 조직 내에서 공유하고 전파하는 데 어려움이 있다.

▶ 대응의 비효율성

시스템이 없으면, 비상 상황 발생 시 대응이 체계적이지 못하고, 솔루션을 활용하는 데 시간이 지체될 수 있다. 그리고 데이터가 체계적으로 관리되지 않으면, 안전

관련 의사결정을 내리는 데 필요한 정보가 부족하여 의사결정이 지연될 수 있다.

▶ 안전관리의 종속성

시스템이 없는 경우, 특정 개인이나 부서에 안전관리의 전적인 책임이 종속될 수 있다. 이는 개인의 휴가, 퇴사 등에 따라 안전관리의 연속성이 단절되는 위험을 초래한다. 뿐만 아니라, 시스템이 없이 개인의 판단에 따라 안전관리가 이루어지면, 관리 수준이나 방법이 일관되지 않게 되어 전체적인 안전관리 수준이 낮아질 수 있다.

▶ 법규 및 규정 준수의 어려움

시스템이 없다면 법적 요구 사항을 충족하고 있음을 입증하기 어려워 규제 기관의 감사나 점검에서 문제가 발생할 수 있다. 그리고 규정이 변경될 경우, 이를 반영하여 안전 솔루션을 업데이트하고 적용하는 데 어려움이 있을 수 있다.

솔루션만으로는 안전관리의 일관성, 지속성, 효율성, 그리고 종합성을 보장하기 어렵다. 이를 위해서는 솔루션이 체계적으로 적용되고 관리될 수 있는 시스템이 필수적이다. 안전관리 시스템은 조직의 모든 수준에서 안전 솔루션이 적절하게 이행되고, 사고 및 위험이 체계적으로 관리되며, 궁극적으로 안전경영문화가 형성될 수 있도록 지원·운영되어야 한다.

02

안전경영문화 수준 측정 및 결과 활용

"for Risk Zero Workplace!"

안전관리 3차원

　제1장_02에서 다룬 안전관리 발전단계인 허드슨 모델에 대해 기억할 것이다. 그런데 이 모델은 선행 단계가 완벽해야 다음 단계로 진화한다는 뜻인데, 현실적으로 우리나라 중소 및 소상공인 조직에 적용하기는 어려움이 있다. 본서 필진의 의견으로는 안전경영문화를 정착하려면 안전관리 3가지 차원을 동시에 진행하는 게 옳다는 판단에서 'Safety Three Dimensions' 형태로 변경하였다. 그리고 안전경영문화 전략을 수립하기 위해 관련 데이터를 수집하는 영역도 이 범주 안에서 이루어지는 게 좋을 것으로 판단한다.

① 기술적 안전관리: 엔지니어링, 장비/설비, 안전장치, 공정, 물질, 법률 및 규정 이행 등에 대한 **현장 안전진단**
② 시스템 중심 안전관리: 통합시스템, SHE인증, 안전절차, 작업규정, 위험성평가, 안전보건관리체계, 안전제안제도, 안전방침 및 비전 등에 대한 **관련 문서**

검토

③ 문화중심 안전관리: 안전 리더십, 태도 및 행동, 역할과 책임, 전사적 안전경영문화 수준 등에 대한 **설문 및 인터뷰**

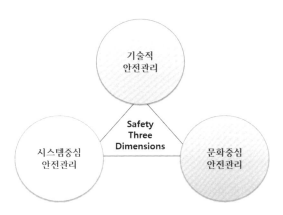

안전경영문화 관련 데이터 수집 대상

안전 관련 시스템이 올바로 실행되는 데 필요한 요소 중 하나가 데이터다. 여기에는 숫자로 표현되는 정량적 데이터도 있지만, 숫자로 표현되지는 않지만 의사결정에 영향을 줄 수 있는 지식과 정보 관련 자료도 중요한 데이터라고 할 수 있다.

안전경영문화 전략을 수립하기 위해서 가장 먼저 착수해야 할 작업은 객관적인 데이터를 수집하는 것이다.

데이터 수집 방법

▶ 현장 안전진단
기술적 안전관리 상태는 현장 안전진단을 통해 파악되어야 한다. 현장 안전진단은 최우선으로 실시해야 할 데이터 수집 절차로써, '아는 만큼 보인다'라는 말처럼 제조 및 작업 현장의 엔지니어링, 장비/설비, 안전장치, 작업 공정, 물질 안전은 물론, 제반 현장 운영이 안전 관련 법률 및 규정 등에 부합하여 운영되고 있는지를 관찰·검토하는 작업이다.

수저를 만드는 공장에서는 철판을 차량에서 하역하여, 1차 가공, 유압프레스 전단기로 펀칭 후 광택, 포장, 차량 상차의 과정이 있다. 이때 들어가는 공정은 '하역', '공장 내 이동', 1차 절단, 유압프레스 펀칭, 광택, 포장, '공장 내 이동', '차량 상차'의 8까지 공정이 사용된다. 따라서, 현장점검 시 하역 시 사용되는 차량과 하역과 공장 내 이동 시 지게차를 사용하게 될 것임으로 작업자 동선의 적합성과 지게차 안전수칙의 적합성을 판단하여야 한다.

〈하역〉 〈공장내 이동〉 〈1차 절단〉 〈펀칭〉

〈광택〉 〈포장〉 〈공장내 이동〉 〈상차〉

또한 1차적으로 절단 가공할 때는 유압전단기를 사용하게 되는데 이때는 프레스의 위험방지 조치의 적합성 여부를 파악하여야 한다. 광택 작업 시는 광택제를 사용함에 따라 해당 컴파운드를 취급하는 주변 물질안전보건자료의 보관 여부와 작업자의 교육 여부를 체크하는 등의 과정이 필요할 것이다.

그 외 공정에 따라 안전 관련 관계 법령을 준수하고 있는지 확인하여야 한다. 지게차만 보아도 산업안전보건기준에 관한 규칙에 지게차에 필요한 전조등, 헤드가드, 백레스트 안전띠 등에 대한 안전수칙이 규정되어 있기에 관련 법령을 숙지하는 것도 무척이나 중요하다고 할 수 있다. 대표적인 관련 법령은 앞의 표와 같다.

《업종별 안전보건 관련 법령》

업종별	관련 법령
공통	산업안전보건법
	중대재해 처벌 등에 관한 법률
건설	건설기술진흥법
	건설산업기본법
연구실	연구실 안전환경 조성에 관한 법률
화학물질	화학물질관리법
시설물관리	시설물의 안전 및 유지관리에 관한 특별법
식품	식품위생법
재난관리기관	재난 및 안전관리 기본법
철도	철도안전법
항공	항공안전법
항만	항만안전특별법

기본적인 안전에 관한 사항은 산업안전보건법과 산업안전보건법 시행령, 산업안전보건법 시행규칙, 산업안전보건기준에 관한 규칙, 그 외의 행정규칙 등을 참고하여 공정과 법령을 기반으로 현장점검 전 점검 체크리스트를 만들어 점검할 것을 권장한다. 각 현장에 따라 현장에 맞춰야 하나 공통적으로 실무에 적용해 볼 만한 관련 체크리스트 사례를 첨부한다.

추가로, 사업장이 특별법에 해당하는 것이 있는지 파악해야 하며, 기본적인 사업장의 경우 중대재해 처벌 등에 관한 법률(이하 중대재해처벌법)과 산업안전보건법이 주요 대상이 될 것이다.

체크리스트 사례: KOSHA 가이드 Z-6-2022 작업장 안전확인 및 점검에 관한 지침 불안전한 행위 및 상태 체크리스트 중 일부 현장 안전진단 요원이 현장에 나갈 때는 반드시 개인보호구를 착용해야 한다. 현장을 점검할 때 진단 요원에게도 유해·위험요소의 영향을 받을 수 있기 때문이다. 사고에는 예외가 없다.

진단하고, 검토하는 입장이기에 현장에서는 그리 유쾌하게 생각하지 않는다. 만약 진단 요원 본인이 개인보호구를 착용하지 않은 상태에서 현장을 순회 중 현장 근로자에게 보호구를 착용하라고 한다는 것은 말이 안 된다. 진단하는 입장에서는 그 누구보다 솔선수범하여 타의 모범이 되는 자세와 태도가 필요하다. 진단하는 그 순간이라도 자신은 진정으로 누군가의 생명과 신체의 안전을 도모하기 위해 재해 방지를 위해 최선을 다한다는 자세로 맡은 바 책임을 다해야 할 것이다.

영역	세부 확인 및 점검 사항	상태
장비 및 공구	넘어지거나 미끄러질 위험성이 있는 곳에 방치	
	위험스러운 위치에 보관 또는 비치	
	안전하게 정비를 유지하지 않은 것	
	돌출된 물체 - 불안전한 보관 / 비치	
	방호 장치 - 망실, 부적합한 설치 및 유지	
	방호 장치 - 추가로 방호장치가 필요한 곳	
	사다리 - 부적절한 보관 / 점검 / 정비	
	스팀 호스 - 부적절한 호스 분출 가능 또는 점검	
	중량물 이동 장비 - 부적절한 점검 / 정비 / 보관	
	접지 - 부적절한 관리 또는 연결	
	전선 - 부적절한 점검 / 정비	
	상부에 위치한 장치의 안전 체인 - 연결 미비 등	
	배관의 행어 또는 지지대 - 부적절한 정비	
	렌치, 밸브의 본넷 커버 등 - 망실 또는 부적절한 정비	
	고정하지 않은 캐비닛 / 쉴딩 도어의 정지 장치 미비	
	정비샵 내 동력공구 - 점검 또는 정비	
	휴대용 동력 공구 - 점검 / 정비 / 보관	
	기타	
물질 안전	위험한 위치에 비치 / 보관	
	넘어지거나 미끄러질 위험성	
	인화성 물질 - 부적절한 저장	
	부적절한 라벨링 부착 / 표시	
	부적절한 폐기	
	기타	
산업 보건	노출 위험이 있거나 부적절하게 저장된 화학 물질	
	적정한 라벨링 부착이나 표시되지 않은 화학 물질	
	유리섬유 보온-불량한 상태, 유리 섬유 탈착 등	
	사용하지 않거나 결함이 있는 환기 장치	
	소음-안전표지, 소음 관리 등의 부적합	
	방사선-부적절한 예방 조치	
	식당 - 청소 / 위생 상태 불량	
	식품 관리 - 승인 구역 밖에서의 소비	
	기타	

《D기업 점검 체크리스트 양식 예》

작업장 안전보건 순회점검 일지						
사업장명 :			결 재	담당	팀장	실장
2024년　월　일　요일　시간						

구분	점검 항목	점검 결과		조치 필요사항
		양호	미흡	
보호구	· 개인보호구 착용상태 　(안전모, 안전화, 안전대, 보안경 등)			
구급약	· 작업장내 응급구급함 비치상태			
상황 체계	· 재해 및 비상상황시 연락체계 구축			
안전보건 관리	· 작업 시작전 TBM 실시 여부			
	· 건강 이상자 관리상태(휴식, 작업전환 등)			
MSDS 관리	· MSDS 게시상태			
	· 위험물질 사용 및 보관 등 관리상태 　(가스, 가연성, 발화성, 위험보관소 등)			
위험 기계 기구 관리	· 기계방호장치 및 비상정지장치 관리 상태			
	· 작업장내 장비 관리상태(파손, 고장 등)			
	· 감전발생 및 유해 · 위험 기계기구 관리상태			
	· 건설기계 작업 안전수칙 준수 여부 　(사전점검, 전도방지 조치, 신호수 배치 등)			
추락재해 예방	· 작업전 작업자 안전교육 실시			
	· 추락방지시설 설치 및 관리상태			
	· 이동식 사다리 작업시 안전수칙 준수 　(전도방지조치, 2인 1조 작업 등)			
밀폐구역 관리	· 밀폐공간 프로그램 수립 여부			
	· 밀폐공간 작업 안전수칙 준수 여부			
기타 사항	· 안전표지판 설치 상태			
	· 작업장소 주변 정리상태(자재, 공구 등)			
	· 용접 등 화재 예방조치(소화기 비치, 불꽃방 　지조치 등)			
특기사항				

현장점검 중에는 진단 전 준비하였던 체크리스트를 기반으로 진단을 하게 되며 이때 미처 확인하지 못했던 특이 사항을 발견할 수도 있다. 대표적으로 시설물의 노후화로 인한 누수로 전기 시설물 인근에서는 감전의 위험이 증가하고, 통행로에서는 넘어짐 사고의 위험성이 커진다. 별것 아닌 것 같지만 평소와 다른 작은 차이가 나비효과(butterfly effect)를 만들어 대형사고를 일으키기 때문이다.

　또한 근로자와 대화를 할 수 있는 상황이라면 적극적으로 대화를 해 보길 바란다. 어렵거나 힘든 점은 없는지 사소한 대화를 통해 근로자와의 라포(Rapport)를 형성할 수 있는 기회가 된다. 이런 관계가 쌓이면서 근로자는 적극적으로 위험요소나 아차 사고에 대한 정보를 제공해 주며, 이는 현장 진단 시 주요 검토 사항 및 특이사항으로 활용할 수 있다.

　현장 진단 후 결과를 남기고 보존하는 것은 안전 관계 법령상의 의무이기도 하지만 진단 결과를 통해 위험요소 개선작업의 근거로 활용할 수 있다.

　진단 결과를 활용할 때에는 발견된 유해·위험요소가 사전 안전진단에 포함된 사항인지, 아닌지 확인해야 한다. 포함되어 있지 않다면, 그 이유가 무엇인지 확인해야 할 것이다. 반대로 포함되어 있다면 개선 조치의 적합성 여부를 검토해야 한다. 다음 표는 국내 K 제조업체에 대한 안전경영문화 전략수립을 위한 컨설팅 과정에서 현장 안전진단 결과를 정리한 것이다.

《기술적 안전관리를 위한 현장 안전진단 결과 예》

관리 요소	진단 내용
① 설비 부문	▶ 조립공정 내 위험물(압력용기, LPG 가스통, 용접작업 등) 관리 ▶ 컨베이어 안전장치 설치 ▶ 래핑기 안전보호 조치

② 기계 부문	▶ 원자재 입고 / 출고 관련 도크작업시 근로자 추락 및 지게차 이동간 보행인원 추돌 / 협착사고 위험	
③ 안전장치	▶ 지게차에 근로자 충돌방지 후방카메라, 경보기 등 방호 / 안전장치 설치	
④ 법규 및 규정 이행	산업안전보건법 요구조건	▶ 수급사(식당, 물류차량 등) 안전관리 조치
	중대재해법 요구 조건	▶ 별첨 2 및 별첨 3 참조 (※지게차 및 물류 차량 작업공간 내 안전 공간 확보)
	내부 안전 규정 및 절차	▶ 가스 관련(고압가스, 냉매가스 등) 안전관리법 검토

진단결과 핵심적인 내용만을 정리했으나 충분히 참고할 만할 것이다. 이 자료는 위험성평가 시 활용가능한 근거자료로 쓸 수 있으니, 일석이조가 아닐까 싶다.

진단을 통해 육안으로 확인되는 취약요소와 법적 미흡사항이 확인됐을 것이다. 기회가 되어 근로자와 대화(면담)를 할 수 있다면 육안으로 확인 못 하였던 세부적인 유해·위험요소를 찾아낼 수 있었을 것이다. 이것으로 최소한 우리가 어떤 상황 속에서 작업을 하고 있는지 알 수 있을 것이다.

▶ 문서 검토

안전관련 문서검토도 데이터 확보를 위해 중요한 과정이다. 문서검토의 대상이 되는 것들은 주로 안전관리 관련 문서들이다.

SHE(안전·보건·환경)인증, 위험성평가, 안전보건관리체계, 안전제안제도, 안전 절차, 작업 규칙 등에 대한 일체의 관련 자료들이 검토의 대상이다.

주요 검토 사항은 다음과 같다.

- 불합리한 규정이나 절차는 없는가?

- 문서에 명시된 주요 부분이 현장에서 제대로 지켜지고 있는가?

- 상황 변화에 따라 변경 관리가 되고 있는가?

- PDCA 관점에서 운영되고 있는가?

- 안전보건 방침과 비전 등이 현장과 잘 정렬되어 적용되고 있는가?

- 안전보건 목표가 결과 중심이 아니라, 과정(활동중심, 예방중심)으로 설계하여, 운영되고 있는가?

다음 표 역시 국내 K 제조업체에 대한 안전경영문화 전략수립을 위한 컨설팅 과정에서 문서검토 결과를 정리한 것이다.

《시스템 중심 안전관리를 문서검토 결과 예》

관리 요소	검토 내용
① 안전보건 관리체계	▶ 안전보건 관리체계 구축 가이드가 제대로 이해가 안 된 상태에서 작성됨
② 위험요인 관리	▶ 위험성평가 내용에 일관성이 부족함
③ SHE 관련	▶ 관리사이클(PDCA) 관리체계 도입(시급)
④ 안전규정 및 절차	▶ 고위험 작업자(지게차, 용접인력 등)에 대한 안전규정 및 절차적용 ▶ 구조적 안전관리 활동(시설보안, 출입자관리 등의 예방 활동) ▶ 비구조적 안전관리 활동(문서보안-비밀등급 분류, 정보 보안, 교육 및 훈련 등의 대비 활동)

▶ **설문조사**

설문조사는 다양하고 많은 대상자의 의견을 동시에 수집할 수 있는 장점이 있는 데이터 수집 방법이다. 사업장 내에 직원이 적다면 인터뷰하는 것이 좋을 수 있지만, 50인 이상의 조직이라면 설문조사를 해도 무방하다.

설문 대상이 많고 익명성을 요구해야 한다면 특히 설문조사는 동일한 내용으로 의견을 수집하기 때문에 응답결과에 따른 비교분석이 쉬운 장점을 가진다. 또한 정량적으로 측정 가능하기에 객관적인 상황의 판단과 보고의 용이성과 같은 실무적 특성이 있다.

  설문조사는 질문에 대해 자유롭게 응답할 수 있는 자유응답형 설문(open question)과 주어진 질문에 의견을 체크하는 폐쇄형 질문(closed question) 등이 있다. 대표적인 폐쇄형 질문은 우리가 만족도 조사에 사용하는 '매우 만족, 만족, 보통, 불만족, 매우 불만족'을 선택하는 리커트형 척도가 일반적이다. 주로 5점 척도가 사용되고, 세부적으로 진행하고자 한다면 7점, 10점 척도를 활용하기도 한다. 자유응답형 설문을 사용한다면 다양한 의견을 취합할 수 있지만 인터뷰와 같은 결과 정리에 대한 노력이 필요로 하는 한계가 있기에 가급적이면 빠르고, 비교하기 쉬운 폐쇄형 설문조사를 권장한다.

  설문 설계를 할 때 몇 가지 주의 사항이 있다.
  첫째, 유도성 질문은 삼가야 한다. 예를 들어, 설문 안에 질문자의 의견이 이미 포함되어 있는 경우로써 "우리 안전팀에서는 밤낮으로 열심히 사고 예방을 하는 모습을 보아 안전팀의 사고 예방 효과는 어느 정도입니까?"라는 설문을 대할 경우 과연 부정적인 의견을 남길 응답자가 어디에 있겠느냐는 것이다. 중립적으로 "안전팀의 사고 예방 효과는 어느 정도입니까?"라고 질문하는 것이 바른 방법이다.
  두 번째는 한 문항에는 한 가지 내용에 대한 질문으로 구성되어 한다는 것이다. "사고 예방을 위한 절차와 예산은 충분하다고 생각합니까?"라는 질문을 한다면 예방 절차와, 예산에 대한 두 가지를 질문하였기에 올바른 대답이 나오기 어렵다.
  마지막으로는 예비 설문(pilot test)을 통해 설문 시간, 응답의 난이도를 조절하는 과정을 거쳐야 한다. 문항 수가 많아 응답에 긴 시간이 걸리는 경우 뒤로 갈수록 응답이 충실하지 못할 수가 있다. 특히, 난이도가 높은 경우 중도 포기 및 한 번호만 찍는 등의 경우가 생길 수 있다. 그러므로 설문의 사전 테스트는 필요한 절차이다.

설문조사를 실시할 때에는 종이에 수기로 작성하여 체크하는 고전적인 방법도 있지만, 최근에는 스마트폰 보급률이 높아짐에 따라 개인 스마트폰으로 설문조사를 하는 방법을 권장하고 싶다. 한번에 설문조사의 결과를 가시화해서 정리하여 주기 때문에 업무량도 줄고 수기를 입력하면서 발생하는 오류도 줄일 수 있다. 대표적인 온라인 설문조사 방법으로써 "Google Forms"가 있으니 적극적으로 활용해 보길 바란다.

다음의 설문은 조직의 안전경영문화 수준을 측정하기 위해 개발한 것으로써 일부를 여기에 소개한다. 이 외에 안전보건공단에서 개발한 '안전의식 수준진단' 설문도 있는데, 간단하게 사용할 수 있다는 면에서 장점이 있다.

《안전경영문화 수준 설문(일부)》

NO.	설문 문항	⑩매우 그렇다←⑤그저 그렇다←①전혀 아니다									
1	우리 회사 경영진은 진심으로 근로자의 안전과 건강을 중요하게 생각한다.	⑩	⑨	⑧	⑦	⑥	⑤	④	③	②	①
(…)											
6	우리 회사에는 체계적인 안전 규정 및 절차가 있다.	⑩	⑨	⑧	⑦	⑥	⑤	④	③	②	①
(…)											
11	우리 회사는 직원들이 비상상황 대응절차를 충분히 숙달할 수 있도록 한다.	⑩	⑨	⑧	⑦	⑥	⑤	④	③	②	①

(···)										
16	우리 회사의 안전보건팀(또는 안전보건책임자)은 현장안전에 관한 전문성을 가지고 있다.	⑩	⑨	⑧	⑦	⑥	⑤	④	③	② ①
(···)										
21	우리 회사는 안전문제에 대해 자유롭게 제안할 수 있는 제도가 있다.	⑩	⑨	⑧	⑦	⑥	⑤	④	③	② ①
(···)										

  수집된 설문은 엑셀 프로그램에 데이터를 입력하여 평균분석(Mean Test)을 거쳐 필요에 따라 직급별 또는 직군별 안전경영문화 수준을 분석(갭분석)하여 의사결정에 참고자료로 사용한다.

  아래의 그림과 같이 정리하면 가시적으로 보기 좋은 자료로 사용할 수 있을 것이다.

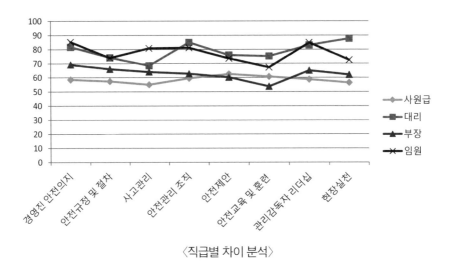

〈직급별 차이 분석〉

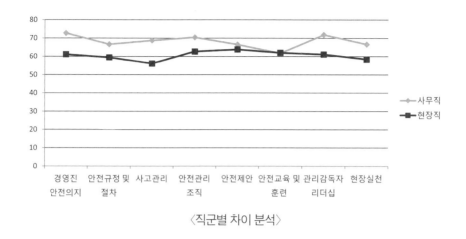

<직군별 차이 분석>

위의 차이 분석 자료 역시 국내 K 제조업체에 대한 안전경영문화 전략수립을 위한 컨설팅 과정에서 설문한 것을 분석한 결과를 정리한 것이다.

그림은 안전경영문화를 구성하는 8가지 요인에 대해 직급별 및 직군별로 구분하여 분석한 자료이다. 이 자료를 통해 알 수 있듯이 각각의 요소에 대해 인식수준에 차이가 있음을 알 수 있다. 왜 이렇게 차이가 나는지에 대해서는 안전관리 책임자가 밝혀야 할 숙제이다.

설문조사는 연 1회 정도 정기적으로 실시함으로써 발전 상황을 가시적으로 확인할 수 있는 자료로 활용할 수 있다.

▶ 인터뷰 조사

인터뷰는 면접자가 응답자에게 질문을 통해 의견을 묻는 형식으로 진행되는데, 설문조사 방식의 단점을 보완하기 위한 방법으로 사용하기도 한다. 즉, 설문조사는 정해진 틀로 짜여진 '질문'으로써 구조화된 방식(structured survey)으로 진행되는데 비해 인터뷰는 응답자로 하여금 자유롭게 대답할 수 있는 비구조적 방법

(unstructured survey)에 의해 진행된다는 그 특성이 있다.

인터뷰는 질문 방법에 따라 크게 3가지로 이루어질 수 있다. 정해진 질문에 대해 답변하는 구조형, 자유롭게 의견을 이야기하도록 비구조형, 그리고 구조형과 비구조형의 장점을 활용한 반구조형 방법이 있다. 인터뷰 방법에 따라 응답자의 답변 내용의 정도가 달라질 수 있으므로 기본적인 틀을 가지고 질문하면서 일부 자유로운 의견을 들을 수 있는 반구조형 방법을 권장한다.

《인터뷰 유형》

구분	내용
구조형	인터뷰 가이드가 정확하고, 응답이 명확할 때 적용
비구조형	키워드 중심으로 자유롭게 응답을 원할 때 적용
반구조형	인터뷰 가이드가 주관식 질문으로 실시되어 답변이 구조형 보다 자유로우나 비구조형 대비 명확한 답변을 원할 때 적용

안전경영문화 관련 인터뷰 문항의 일부를 소개하니, 참고하기 바란다.

《안전경영문화 관련 인터뷰 문항(일부) 예》

NO	질문 문항
1	- 우리 회사 경영진은 경영성과 목표 달성보다 근로자의 안전과 건강을 지키려고 노력합니까? - 무엇으로 그렇다는 것을 알 수 있습니까?
2	- 우리 회사에는 근로자들이 안전규정과 절차를 확실하게 알고 있는지 정기적으로 확인합니까? - 어떤 방법으로 확인합니까?
3	- 우리 회사는 안전사고 발생시 사고의 근본 원인을 찾으려고 자체적으로 노력합니까? - 구체적인 사례를 말씀해 주시겠습니까?

4	- 우리 회사의 안전보건 담당자는 현장안전을 위해 진심으로 노력하는 것 같습니까?
	- 생각나시는 게 있으면 말씀해 주십시오.
5	- 우리 회사는 안전문제에 대해 자유롭게 제안할 수 있는 제도가 있습니까?
	- 어떤 제도들이 있는지 구체적으로 말씀해 주시겠습니까?

인터뷰를 진행자는 인터뷰를 효과적으로 진행하기 위해 녹음기, 메모지 및 펜 등 몇 가지 도구를 사전에 준비함으로써 인터뷰를 원활하게 진행함은 물론, 끝난 후에 정확하게 정리하는 작업을 해야 한다.

다음 표 역시 국내 K 제조업체에 대한 안전경영문화 전략수립을 위한 컨설팅 과정에서 인터뷰한 결과를 정리한 것이다.

《인터뷰 결과 정리 예》

구분		응답 내용
1	경영진 안전 의지	- 목표달성 위주로 운영되고 있음 - 안전교육으로 안전이 유지되는 것으로 생각함 - 대표이사와 안전관련 소통은 없음 - 안전을 강조하나 구체성은 미흡함
2	안전 규정 및 절차	- 안전규정에 대해 잘 모름 - 안전장구 착용, 복장착용 지침 알고 있으나, 미준수 - 안전 규정 및 절차 현실 반영 못함
3	사고관리	- 사고 원인을 개인에게 돌리지 않음 - 손가락 끼임 사고 시 적극적으로 조치해 줌
4	안전관리 조직	- 안전담당 이사와 현장 소통하고 있음 - 야근 빈도 잦음 - 안전 보호 장구(장갑, 패딩, 안전화 등) 적극 지원
5	안전 제안	- 제안함, 구두 등을 통하여 제안제도 운영함 - 지게차 운전자 안전 벨트, 안전모, 안전화 작용지시를 하나 절반 미이행

6	안전교육 및 훈련	- 금년도는 현재까지 안전교육 없었음 - 이사, 부장이 정기교육 실시함 - TBM 부분 실시함 - 안전 교육이 도움이 됨
7	관리감독자 리더십	- 관리감독자가 누구인지 모름 - 작업 중 위험을 느낀 적 없음 - 엄격하게 안전 규정 준수함
8	현장 실천	- 안전장비 잘 갖춰져 있음. 고장시 충분히 조치 - 이사와 부장이 현장을 자주 방문함 - 지게차 작업구간과 직원 이동 동선이 겹쳐 중대 재해 발생 우려 - 납기에 쫓겨 어쩔 수 없이 안전절차 무시하는 경향 있음

인터뷰를 진행함에 있어 몇 가지 주의사항이 있다.

첫째, 처음부터 너무 무거운 이야기, 개인적인 이야기의 언급은 상대에게 정서적 거리감을 준다. 예를 들어, 정규직 유무, 연봉 등의 질문 등은 별 의미가 없을 뿐만 아니라, 프라이버시에 관한 사항이므로 군이 질문할 이유가 없는 항목이다.

시작은 가벼운 자기소개와 하는 일 등으로 응답자와 친밀감을 형성하는 게 좋다.

둘째, 면접자의 의도대로 답변을 유도하지 말아야 한다. 인터뷰는 상대의 의견을 듣는 과정이지, 면접자가 원하는 답을 확인하는 절차가 아님을 명심해야 한다.

셋째, 질문 항목을 구체적으로 작성하여 최대한 많이 테스트해 보고 실시하도록 한다. 질문이 엉뚱한 방향으로 흐르지 않도록 하는 사전 조치이다.

넷째, 응답자의 의견을 자유롭게 말할 기회를 주고 공감하는 과정이 필요하다. 응답자의 의견에 공감하고 이해하는 모습을 보일수록 진솔하고 구체적인 의견을 표현하는 경향을 보인다.

마지막으로, 가장 최악의 행동은 피면접자에게 면박을 주는 행동이다.

예를 들어, 현장근로자의 경우 정해진 안전장비 혹은 수칙이 있음에도 과도한 남기, 상사의 압력, 몸에 맞지 않는 장비 등으로 인해 안전수칙을 준수하기 어려운 상황에서 현장근로자에게 면박을 주어서는 안 된다는 말이다.

▶ 초점집단면접

인터뷰 방식 중에는 여러 사람이 모여 특정 주제에 대해 의견을 나누는 형식으로 진행하는 FGI(Focus Group Interview, 초점집단면접)가 있다. 안전 관련 과제를 다룰 때 현장 근로자들 중심으로 FGI를 실시함으로써 의미 있는 해결책에 접근할 수도 있을 것으로 본다.

Focus Group Interview (FGI) 조사는 특정 주제에 대한 심층적인 이해와 다양한 관점을 얻기 위해 여러 참가자들(6~12명)이 함께하는 그룹 인터뷰 방식으로써 다음과 같은 특성과 절차를 가지고 있다.

FGI는 특정 주제나 이슈에 대해 다양한 사람들의 생각, 태도, 감정, 그리고 행동을 깊이 있게 탐색하기 위한 것이며, 이는 설문조사나 개별 인터뷰와 달리 참가자들 간의 상호작용을 통해 다양한 의견을 수집할 수 있다는 장점이 있다.

FGI를 성공적으로 이끌기 위해서는 사회자(moderator)가 필요한데, 그는 인터뷰를 진행하며, 참가자들이 자유롭게 의견을 나누고 상호작용할 수 있도록 유도하는 역할을 한다. FGI의 성공 여부는 그에게 달려있다고 해도 과언이 아닐 정도로 중요한 역할을 한다.

FGI는 몇 가지 장점이 있다.

첫째, 참가자들의 다양한 경험과 감정을 공유함으로써 주제에 대한 깊은 이해가 가능하다.

둘째, 참가자들 간의 상호작용을 통해 다양한 관점을 얻을 수 있다.

셋째, 사회자의 능력에 따라 질문의 방향이나 주제를 자유롭게 조정할 수 있다.

넷째, 한 번의 인터뷰로 여러 사람의 의견을 동시에 수집할 수 있어 비용과 시간 면에서 효율적이다.

물론 단점도 몇 가지 있다.

첫째, 소수의 참가자들로 이루어지기 때문에 전체 인구나 집단의 대표성을 갖기 어렵다.

둘째, 사회자의 질문 방식이나 태도에 따라 결과가 달라질 수 있다.

셋째, 참가자들 간의 관계나 상황에 따라 의견이 편향될 수 있다.

넷째, 양적 데이터가 아닌 질적 데이터이므로 통계적 분석이나 일반화에 한계가 있을 수 있다.

성공적인 FGI 진행을 위한 기본 조건은 다음과 같다.

첫째, 사회자는 참가자들을 잘 이끌고, 토론을 촉진하며, 의견을 균형 있게 수집 하는 능력이 필요하다.

둘째, 질문은 명확하고 간결하게 구성되어야 하며, 주제에 맞는 적절한 순서로 진행되어야 한다.

셋째, 참가자들이 편안하게 의견을 나눌 수 있는 분위기를 조성하고, 특정 참가 자의 의견에 치우치지 않도록 균형을 유지한다.

위험성평가를 위한 사내 회의, 사후 사건분석을 하거나 안전보건과 관련하여 직원들의 의견이 필요할 경우 사용하면 충분히 효과를 기대할 수 있는 조사방법이니 활용에 참고하기 바란다.

지금까지 소개한 여러 조사방법을 수집할 수 있는 데이터 유형에 따라 분류·정리하면 다음 표와 같다.

《측정방법별 수집가능한 데이터 유형》

측정방법 \ 데이터 유형	수집 데이터 유형	
	정량	정성
현장안전진단	○	○
설문조사	○	○
문서검토		○
인터뷰		○
초점집단면접(FGI)		○

측정 결과의 활용

지금까지 3가지 차원(기술적, 시스템 중심적, 문화 중심적)에서 여러 측정 방법을 통하여 조직의 현재 안전관리 관련 활동에 관한 데이터를 수집하였다. 확보한 데이터는 크게 두 가지 관점에서 유용하다.

첫째, 조직의 안전성숙도 수준을 확인할 수 있다.

다음 그림은 일명 듀폰 브래들리 곡선(DuPont Bradley Curve)으로써 기업의 안전 문화 발전단계를 시각적으로 보여주는 모델이다. 회사의 안전 성숙도를 평가하고, 안전 문화를 개선하기 위한 방향성을 제시하는 도구다. 이 곡선은 회사가 다양한 안전관리 시스템을 도입하고, 조직의 안전의식을 발전시켜 나가는 과정을 단계별로 나눠 설명한다.

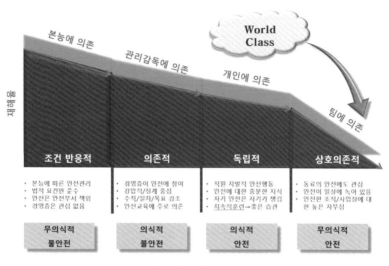

〈Dupont의 브래들리커브(안전성숙수준 모형)〉

▶ 반응형(Reacting)

사고가 발생했을 때만 대응하는 수준으로써 안전은 법규 준수를 위해 존재한다
고 인식하며, 관리자의 책임으로 간주한다. 기본적인 규정 준수 및 사고 방지를 위
해 조치한다.

▶ 의존형(Dependent)

절차와 규칙에 의존하여 안전을 관리하는 수준으로써 안전에 대한 규정과 절차
가 명확히 수립되어 있으며, 준수 여부에 대한 감독이 이루어진다. 근로자들은 규
정과 지시를 따르는 것이 안전하다고 믿는다. 따라서 관리자의 역할이 중요하게
작용한다.

▶ 독립형(Independent)

근로자들이 스스로 안전을 책임지는 수준이다. 개인적인 책임감이 강조되며, 근로자들은 자발적으로 안전 관행을 따른다. 그리고 자신과 동료들의 안전에 대해 책임을 느끼고, 위험 요소를 스스로 파악하고 개선하고자 노력한다.

▶ 상호의존형(Interdependent)

팀이나 조직 전체가 하나의 안전 문화로 움직이는 단계이다. 안전은 모든 사람의 책임으로 간주되며, 팀원들 간의 협력과 의사소통이 활발하다. 모든 구성원이 서로의 안전을 지키기 위해 노력하며, 위험을 사전에 예측하고 방지한다.

필자들이 안전경영문화 전략수립 컨설팅을 수행한 A사의 경우를 듀폰의 브래들리 커브 모델에 적용한 결과, 그림에 표기한 바와 같이 반응형과 의존형 중간 단계에 있음을 확인하였다. A사의 경우 의존형으로 가기 위해서는 안전 관련 규정과 절차를 재정비야 하고, 관리감독자를 포함한 안전관리자의 안전리더십 역량을 쌓는데 목표를 두어야 한다.

데이터 수집의 두 번째 목적은 조직의 안전경영문화 전략 수립체계를 수립하는데 중요한 자원으로 사용하기 위함이다.

다음 그림은 제3장-01의 〈안전경영문화 전략 수립체계〉를 가져온 것이다. 도표에서 알 수 있듯이 확보된 측정 데이터는 안경경영문화 전략 프로세스 전 영역에 영향을 미치고 있음을 알 수 있다. 상황분석(situational analysis)이 곧 측정 데이터 수집을 위한 활동과 동일하다고 할 수 있겠다.

안전관리 책임자는 가능한 한 안전보건 관련 데이터를 확보하려는 노력과 함께 수집된 데이터를 안전보건 전략 수립을 위한 의사결정에 어떻게 활용할 것인가를 고민해야 할 것이다.

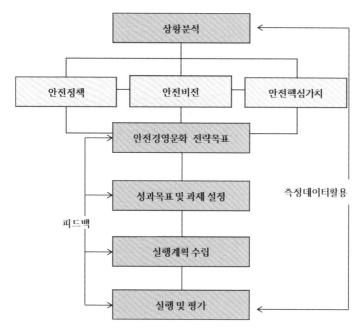

〈안전경영문화 전략수립을 위한 측정 데이터 활용도〉

참고문헌

고용노동부, 중소기업을 위한 안전보건관리 자율점검표, 2020.

박교식 외, [전문가칼럼] 사고예방, 의식수준에 답이 있다, 산업인NEWS, 2021.

박재희 외, 제조업 끼임 사망사고 감축 및 사업장 효율적 관리방안 연구, 산업안전보건연구원, 2022.

송은아, 사고는 예측불가?… 시스템 부재가 낳는다, 세계일보, 2024.

신운철 외, 소규모 제조업 사업장에 적합한 재해예방 기법 연구 - 재해 분석 및 사례 조사 중심-, 산업안전보건연구원, 2011.

신재한, 질적 연구방법의 이해와 실제, 이모션북스, 2017.

임준성 외, 빅데이터 플랫폼 기반 도로 시설물 안전관리 모니터링 시스템, Journal of KII. Vol. 18, No. 11, pp. 139-15, 2020.

제니퍼 메이슨, 제2판 질적 연구방법론, 나남, 2013.

채서일 외, 사회과학조사방법론(4판), 비엔엠북스, 2018.

한국산업안전보건공단, KOSHA Guide Z-6-2022 작업장 안전확인 및 점검에 관한 지침, 2022.

한국산업안전보건공단, 중대재해처벌법 대비 안전보건관리체계 구축 자율점검표, 2024.

Malgorzata Jasiulewicz-Kaczmarek 외, Behaviour based intervention for occupational safety - case study, Procedia Manufacturing, Vol. 3, pp-4876-4883, 2015.

Roger. Wimmer 외, Mass media research(10e), 한경사, 2016.

김호영_경영학 박사/안전문화관리사

· 한국스마트컨설팅협회 수석컨설턴트/컨설팅법인BCM 이사/서울미디어 대학원 대학교 특임교수

· 숭실대학교대학원 기업재난관리학과 겸임교수/한성대학교 디지털중소기업 대학원/한국외국어대학교 외래교수/금융기업/한국생산성본부(KPC) 실장/월드리서치 전무/컨설팅법인BCM 대표 역임

　e-mail : zoazoana@naver.com

서정수_재난안전관리학 박사/현대차그룹 산업안전상생재단 전문위원

· 행정안전부 및 교육부 안전교육 전문인력/한국기술교육대 산업안전정책 최고위과정(3기)

· 경수고속도로(주) 재난 및 안전관리 총괄/대보그룹 대보정보통신(주) 안전 및 보건관리업무 총괄

· 대한민국 공군 위기관리 · 한미연합작전 업무 · 해상 지대공사격장 안전관리 총괄 · 교육훈련 담당 · 재난관리 업무 담당(중령 예편)

　e-mail : west_inetger@naver.com

김대진_재난안전공학 박사 수료(위기관리 전공)/기업재난관리사

· 우석대학교 산학연협력선도대학 육성사업단(LINC 3.0) 교수로 재직 중

· 행정안전부 안전한국훈련 중앙평가단 평가위원 및 안전교육전문인력/행정안전부 · 전라북도 다중이용시설 자문위원

· 재해경감활동 관리체계(BCMS) 및 ISO22301 컨설팅/사업장 안전보건 관리체계 구축, 위험성평가 수행

· SC제일은행 및 SC금융지주 비즈니스연속성관리(BCMS) · 위기관리 · 안전 및 보안업무
  수행
  e-mail: kfb3964@gmail.com

문정흠_경영학 박사(기업재난관리학 전공)/산업안전기사/건설안전기사

· 인천시설공단 생활체육사업단장 및 삼산월드체육관 · 송림체육관 · 계산국민체육센터
  안전보건관리책임자
· 인천광역시 토목분야 감사업무 · 도시계획 · 도로 · 철도 · 교통 · 상수도 관련 계획 설계
  감독 유지관리 업무 담당/지방시설사무관 역임
  e-mail : moonjh2025@naver.com

권겸_공학석사/안전문화관리사/산업안전기사/건설안전기사

· 대보그룹 대보정보통신(주) 전사 안전관리자/로템SRS(도시철도 신림선 운영사) 안전
  관리자/유엔이(주)기업부설연구소 재난안전 연구원
· ITS 유지관리자의 위험지각이 안전참여행동의도에 미치는 영향(숭실대학교 대학원 석
  사논문)/안전행동 및 안전문화에 관한 연구
  e-mail: kkyum205@naver.com

전사적
안전경영문화
전략

ⓒ 안전경영문화전략 연구회, 2024

초판 1쇄 발행 2024년 11월 30일

지은이　　김호영 · 서정수 · 문정흠 · 김대진 · 권겸
발행인　　한국스마트컨설팅협회/한국스마트컨설팅교육원
주소　　　서울특별시 강남구 테헤란로78길 14-6
전화　　　02)553-3808
팩스　　　02)553-3813
홈페이지　www.korsca.kr

ISBN　979-11-989755-2-2 (93320)